Alois Bruhns

Die Schulwerkstätte

In ihrer Verbindung mit dem theoretischen Unterricht

Alois Bruhns

Die Schulwerkstätte
In ihrer Verbindung mit dem theoretischen Unterricht

ISBN/EAN: 9783743432987

Hergestellt in Europa, USA, Kanada, Australien, Japan

Cover: Foto ©Paul-Georg Meister /pixelio.de

Manufactured and distributed by brebook publishing software
(www.brebook.com)

Alois Bruhns

Die Schulwerkstätte

DIE
SCHULWERKSTÄTTE

IN

IHRER VERBINDUNG

MIT DEM

THEORETISCHEN UNTERRICHTE.

DARGESTELLT DURCH LEHRGÄNGE

VON

ALOIS BRUHNS

LEITER DER ERSTEN WIENER SCHULWERKSTÄTTE UND DES DAMIT VERBUNDENEN LEHRERCURSES,
BESITZER DER SILBERNEN MITARBEITER-MEDAILLE DER INDUSTRIAL-AUSSTELLUNG IN ANTWERPEN
ETC.

ILLUSTRIRT VON

FRIEDRICH AFH

LEHRER AN DIESER ANSTALT, FRÜHER ZEICHENLEHRER AM TECHNOLOGISCHEN GEWERBE-MUSEUM IN WIEN,
UND VON DEM VERFASSER.

ZWEITE UMGEARBEITETE AUFLAGE.

MIT 32 TAFELN.

WIEN 1895.
ALFRED HÖLDER
K. U. K. HOF- UND UNIVERSITÄTS-BUCHHÄNDLER
ROTHENTHURMSTRASSE 15.

Vorwort.

Nachdem die erste Auflage dieses Buches vollständig vergriffen war, schritt der Unterzeichnete zu einer Neubearbeitung, in der er den einzelnen Wünschen, die ihm zugekommen waren, Rechnung tragen wollte. Bezüglich der Anlage des Werkes war ihm nur der Wunsch nach einer Erweiterung durch eine kurze Zusammenstellung der wichtigsten Thatsachen aus der Geschichte des Handfertigkeitsunterrichtes und der Angabe der hervorragendsten literarischen Erscheinungen auf diesem Gebiete ausgesprochen worden. Aber nicht nur nach dieser Richtung hat das Buch eine Erweiterung erfahren, sondern auch die Vorlagen wurden vermehrt, u. zw. durch einzelne Tafeln, welche eine raschere Übersicht des ganzen Lehrganges ermöglichen. So zeigen gegenwärtig die Tafeln 6 und 7 in kleinem Maßstabe 58 Objecte aus dem Lehrgange der Cartonnagearbeiten, die Tafeln 12, 13, 14 stellen 76 Objecte aus dem Lehrgange der Tischlerarbeiten dar; auch wurden die Tafeln über die Holzschnitzarbeiten übersichtlicher gestaltet. Die Tafeln mit den Detailzeichnungen blieben fast unverändert.

Die Grundsätze, welche den Verfasser bei der Aufstellung seiner Lehrgänge leiteten, haben eine Änderung nicht erfahren. Er hält auch jetzt noch daran fest, dass der Handfertigkeitsunterricht mit dem Schulunterrichte in möglichst innige Verbindung gebracht werden müsse, und dass diese Verbindung theils dadurch hergestellt wird, dass der Aufbau der Arbeit aus den im Realunterricht erworbenen Gesetzen erkannt wird — siehe beispielsweise den Lehrgang der Cartonnagearbeiten, bei dem die einzelnen Körperformen den Eintheilungsgrund abgeben — oder dass solche Objecte hergestellt werden, an denen der Schüler die Wirkungen bestimmter Gesetze erproben — also mit denen er experimentieren kann.

Der Unterzeichnete hofft durch die theilweise Erweiterung, sowie durch die genaue Durchsicht der Preisangaben dem Buche noch manchen Freund zu erwerben.

Wien, im December 1894.

Alois Bruhns.

Geschichtlicher Überblick.

Häufig wurde die Frage aufgeworfen, ob man überhaupt von einer geschichtlichen Entwickelung des Handfertigkeits-Unterrichtes sprechen könne. Wenn jemand unter diesem Worte speciell die Vorbereitung auf bestimmte Handwerke, wie dies durch unsere Handwerkerschulen geschieht, versteht, dann dürfte der geschichtliche Anfangspunkt in nicht allzu ferner Vergangenheit liegen; wenn jedoch unter Handfertigkeits-Unterricht die pädagogische Einwirkung der Jugend zu dem bestimmten Zwecke zu verstehen ist, die Jugend durch die Handarbeit für das spätere Leben brauchbarer zu machen, den Körper zu stählen und durch die Arbeit zur Arbeit zu erziehen, dann ist eigentlich die Frage so alt als die Erziehungskunde selbst; nur tritt sie nicht jederzeit mit gleicher Kraft in den Vordergrund; ja in manchen Perioden scheint sie vollständig verschwunden. Ihr Hervordrängen oder Zurückdrängen hängt, wie bei jeder pädagogischen Frage, von den allgemein herrschenden Ideen über Zweck und Aufgabe der Schule ab.

Wollen wir nach den Quellen forschen, woraus wir unsere Kenntnis in dieser Frage erlangen können, so müssen wir Nachschau halten in den Gesetzen der betreffenden Völker und in den Werken jener großen Geister, denen es gegönnt war, neue Ideen über die Aufgabe des Menschen und die zu dieser Lösung nöthigen Mittel zu schaffen.

Schon der Titel dieses Aufsatzes sagt, dass wir nicht die Geschichte des Handfertigkeits-Unterrichtes, sondern nur einen „Überblick" desselben schreiben wollen; deshalb wird es auch nicht auffallend erscheinen, wenn wir nur einzelne Thatsachen aus den verschiedenen Zeitperioden anführen.

Es ist bekannt, dass der weise Solon die physische Arbeit so hoch schätzte, dass er die Erlernung eines Handwerkes für jeden Bürger zu einer gesetzlichen Forderung bei Androhung schwerer Strafe im Falle der Unterlassung machte. In Athens Blütezeit nahm es niemand Wunder, wenn ein Mann Steinmetz und zugleich „Wahrheitssucher", wie Sokrates, war.

Im alten Rom stand die physische Arbeit so hoch, dass selbst der siegreiche Feldherr nach Beendigung des Krieges wieder zum Pflug zurückkehrte, von dem er früher geholt wurde.

Auch in der späteren Zeit sehen wir, dass hervorragende Männer, welche sich mit der Erziehung der Jugend beschäftigten, auf den Wert der physischen Arbeit für die Jugend hinwiesen. So gibt Cato der Ältere in seinen „Lehren für meinen Sohn" diesem Anweisungen über die Pflege des Landbaues.

Auch die alten Deutschen schätzten die Handarbeit, aber natürlich nur soweit, als sie ihnen zu ihrem kriegerischen Leben dienlich war. Alte Sagen melden uns, dass sich auch Fürstensöhne nicht scheuten, in die Werkstätten der Schmiede zu gehen, um dort am Amboss mitzuhelfen.

Der heilige Hieronymus (um 400), welcher sich um die Ausbildung der christlichen Pädagogik große Verdienste erworben hat, fordert in seinen Briefen über Erziehung, in den Kindern solle frühzeitig die Liebe zur Handarbeit erregt werden. Was er theoretisch feststellte, das führten der heilige Benedict von Nursia und die Mitglieder des von ihm gegründeten Ordens auch bei ihren Zöglingen durch, und selbst die Mönche sollten neben dem Gebete und den Studien der Pflege der Kunst und der Arbeit in Feld und Garten obliegen.

In den letzten Jahrhunderten des Mittelalters wurde durch die Überhandnahme des Humanismus, der zum grammatischen Formalismus entartete, die Forderung, welche das praktische Leben an den Menschen stellt, in den Hintergrund gedrängt und aus diesem Grunde auch die Pflege der physischen Arbeit unberücksichtigt gelassen, ja vielfach ganz verworfen. Diesen Bestrebungen trat aber schon Luther mit der vollen Kraft seiner großen Persönlichkeit entgegen. Ihm sind die Forderungen des Lebens nicht gleichgiltig, vielmehr, er räumt ihnen den weitesten Einfluss ein; deshalb fordert er, dass die Schüler nur 1—2 Stunden des Tages die Schule besuchen, auf dass man sie den häuslichen Beschäftigungen nicht ganz entziehe. Nebenbei sollen sie ein Handwerk lernen, oder wozu man sie haben wolle.

In ein neues Stadium trat die Frage durch die Werke des Schöpfers der inductiven Forschungsmethode, durch Baco von Verulam (1561 bis 1626). Der große Engländer stellte dem Autoritätsglauben die Beobachtung der Natur und den Versuch entgegen und wollte auf diesem Wege zur Wahrheit gelangen. Wer diese Methode als richtig anerkannte, der konnte die physische Arbeit nicht gering schätzen; denn das Experiment, als vorzüglichstes Hilfsmittel, setzt eine gewisse Handgeschicklichkeit zu seiner Vollbringung voraus. Es ist nur ein weiterer natürlicher Schritt, dass man im Hinblick auf diese Ziele die Beibringung einer Handfertigkeit als einen wesentlichen Erziehungsfactor erklärte.

Dieser scheinbar so kurze Weg von dem reinen Verbalismus zu einer Unterrichtsform, die sich auf Baco von Verulams philosophischen Principien aufbaut, wurde von vielen hervorragenden Geistern der nächsten Jahrhunderte zu gehen gesucht; die Mehrheit der an der Erziehung betheiligten Factoren aber verschlossen sich entweder ganz diesem Einflusse oder sie blieben auf halbem Wege stehen, weil sie zu erkennen glaubten, was der Wissenschaft sich zieme, das könne in der Volkserziehung keinen Platz beanspruchen.

Der hervorragendste Pädagog desselben Jahrhunderts, dessen tief und nachhaltig wirkende Thätigkeit von Baco von Verulams Geiste beeinflusst erscheint, war Comenius. Er stellte sich in Gegensatz zu den Humanisten, die vorwiegend mit Hilfe des lateinischen Grammatikunterrichtes eine Schulung des Geistes erstrebten, indem er eine gewisse Universalität des Wissens, und zwar nicht durch bloße Geistesgymnastik, sondern durch Beobachtung und Anschauung erzielen wollte. Dabei glaubte er in der Volksschule mit täglich nur vier Unterrichtsstunden auszureichen, wovon wieder die zwei Vormittagsstunden für die Vornahme des neuen Unterrichtsstoffes genügen, während die Nachmittagsstunden der Wiederholung und der Übung der Hand und der Stimme bestimmt seien. Die Handarbeit ist ihm ein wesentlicher Bestandtheil der Erziehung, weil durch sie die Schule in den Stand gesetzt werde, für das Leben in rechter Weise vorzubereiten, ferner weil sie zur Gesundung des Leibes beitrage, und schließlich weil Arbeit nur durch Arbeit erlernt werde. Der moralische Gewinn durch die Arbeit aber liege darin, dass die fortwährende maßvolle Beschäftigung des Geistes und des Körpers sich in Fleiß verwandle und durch sie dem rührigen Menschen unthätige Muße schließlich unerträglich werde. Leider hat uns Comenius nicht zeigen können, wie er seine Principien in die Praxis übertragen denkt, denn als er über Berufung des Fürsten von Siebenbürger Rakoczy in Saros Patak eine 7classige Schule einrichten sollte, kam er nur bis zur Errichtung der 3. Classe.

Comenius' schöpferische That, die Einführung des Anschauungsunterrichtes, sowie seine Schulorganisation eroberten sich selbst in jenem traurigen Jahrhunderte des 30jährigen Krieges die Anerkennung der Staatsmänner der vorgeschrittenen Nationen. So hören wir von seiner Berufung nach England, nach Schweden, nach Siebenbürgen; wir finden ihn lehrend in Österreich, in Deutschland, in Polen und in Holland.

Comenius' Saat trug aber erst, nachdem die Wunden, welche der 30jährige Krieg Deutschland geschlagen hatte, langsam zu vernarben begannen, reiche Früchte.

In Comenius' Geist wirkten im 17. Jahrhundert die Pietisten, unter diesen in hervorragendster Weise A. H. Francke (1663—1727), der Schöpfer des großen hallischen Waisenhauses. In allen von ihm gegründeten Schulen wird der Handfertigkeitsunterricht als ein wesentlicher Erziehungsfactor betrachtet, durch den die leibliche Entwickelung gefördert, Lust und Liebe zur Arbeit anerzogen wird, und durch welchen die Kinder für das Leben praktischer, geschickter und anstelliger gemacht werden.

Die Arten der Arbeiten waren in allen Schulkategorien nicht gleich, wie dies ja in seinem Erziehungsideal begründet erscheint, nach welchem jeder Zögling für seinen Stand und Beruf gebildet werden sollte.

Die Mädchen des Waisenhauses wurden mit Spinnen, Nähen, Stricken; die Knaben gleichfalls mit Stricken, mit Wolle reißen, Krempeln, Spinnen beschäftigt; dagegen trieben die Zöglinge des Pädagogiums Zeichnen, Glasschleifen, Kupferstechen, Holzsägen, Drechseln, Papparbeiten, Tranchieren von Speisen, Äpfelschneiden, Serviettenfalten. Die Lieblingsbeschäftigung der Zöglinge scheint das Drechseln gewesen zu sein, denn wir erfahren, dass für diesen Gegenstand drei Werkstätten mit je zehn Drehbänken eingerichtet waren; die Papparbeiten und das Glasschleifen standen vorwiegend im Dienste des Realunterrichtes.

Franckes Einfluss auf das deutsche Schulwesen war sehr bedeutend. Die Organisation seiner Erziehungsanstalten war vielfach nachgeahmt, auch sind sie der Anstoß zur Gründung von Realschulen gewesen, die gleichfalls die Handarbeit, wie Drechseln, Pappen, Glasschleifen, Lackieren, in ihren Lehrplan aufnahmen.

Fast in derselben Zeit finden wir auch in England die Idee des Handfertigkeitsunterrichtes als Erziehungsfactor durch den hervorragenden Philosophen John Locke (1632—1704) vertreten. Lockes Erziehungsideal ist der feingebildete Mann (perfect gentleman); trotzdem fordert er, dass jeder ein Handwerk erlerne, denn die erlangte Geschicklichkeit ist des Besitzes wert, auch ist die Arbeit der Gesundheit förderlich, indem die Arbeit zugleich eine Erholung des Geistes ist. Er empfiehlt als zweckentsprechende Arbeiten Gartenbau, Landwirtschaft, Arbeiten in Holz, Parfümerien, Lackieren, Gravieren, Arbeiten in Eisen, Messing und Silber, Schleifen, Polieren und Einfassen von Edelsteinen und optischen Gläsern. Wir dürfen im Hinblick auf die angeführten Arbeiten nicht vergessen, dass Locke bei der Abfassung seines Werkes „Einige Gedanken über Erziehung" die Erziehung eines vornehmen Engländers durch einen Hofmeister im Auge hat.

Wenn auch Locke kein eigentlicher Praktiker auf dem Gebiete der Erziehung war, so übte er doch einen großen Einfluss auf die weitere Entwickelung des Unterrichtswesens seiner Zeit und des folgenden Jahrhunderts aus. So war von ihm Rousseau bei der Aufstellung seines Erziehungsplanes im „Emil" beeinflusst; doch stellt dieser das Zweckprinzip um vieles höher. Er erblickt dieses in der allgemeinen Menschenbildung; auch der Handfertigkeitsunterricht ist ihm in erster Linie ein

Bildungsmittel für die geistige Entwickelung, nur in zweiter Linie gedenkt er desselben als eines Mittels zur Förderung der körperlichen Erziehung und als eines Mittels, das den Zögling in seinem späteren Alter bei etwaiger Verarmung in den Stand setzen könne, seinen Unterhalt zu finden. Rousseau will seinen Zögling nicht theoretisch belehren, sondern dahinleiten, dass er alle Kenntnisse durch eigene Erfahrung selbstthätig erwerbe. Deshalb sollen Lehrer und Zögling im physikalischen Unterricht nicht an fertigen Apparaten experimentieren, sondern sie sollen diese Instrumente selbst herstellen, selbst erfinden. Durch diesen langsamen Vorgang erwartet er sich grösseren Nutzen für seinen Zögling als durch alle theoretischen Belehrungen. Je sinnreicher unsere Werkzeuge sind, desto gröber und ungeschickter werden unsere Organe; mit all den Maschinen, die wir um uns aufhäufen, finden wir in uns selbst keine mehr. Aber wenn wir die Geschicklichkeit, die uns diese Maschine ersetzte, zur Anfertigung derselben verwenden; wenn wir den Scharfsinn, dessen wir bedürfen, um sie entbehren zu können, zu ihrer Herstellung gebrauchen: so gewinnen wir, ohne etwas zu verlieren; wir fügen zur Natur die Kunst und werden erfinderischer, ohne darum weniger geschickt zu werden. Wenn ich ein Kind, anstatt es an Bücher zu fesseln, in einer Werkstätte beschäftige, arbeiten seine Hände zum Nutzen seines Geistes; es wird Philosoph und glaubt nur ein Arbeiter zu sein.

Rousseau will aber auch, dass sein Zögling ein wirkliches Handwerk erlerne, damit er im Stande sei, unter schlimmen Vermögensumständen sich selbst zu erhalten. Als das ihm zusprechendste Handwerk bezeichnet er die Tischlerei.

Kehren wir wieder nach Deutschland zurück. Hier finden wir zu gleicher Zeit die Philanthropisten auf dem Gebiete der Erziehung thätig. Der Hauptvertreter derselben, Basedow, lässt in seinem Institut zu Dessau die grösseren Zöglinge täglich 1—2 Stunden drechseln und tischlern.

Mit noch grösserer Energie trat Ch. G. Salzmann 1744—1811 und sein Gehilfe Blaschke für die Einfügung der Handarbeit in den Lehrplan der Schule zu Schnepfenthal ein. Letzterer, dem die Leitung der „mechanischen Nebenbeschäftigungen" übertragen war, veröffentlichte auch mehrere Schriften über diesen Gegenstand. Sein Hauptwerk, die „Werkstätte der Kinder", gibt uns eine erschöpfende Darstellung, wie der Unterricht in Schnepfenthal betrieben wurde. Blaschke will die Kinder von vier Jahren schon mit Handarbeiten beschäftigen, indem man sie langsam vom Spiel zur Arbeit überleite; je später man hiemit beginne, desto schwerer sei es, insbesondere bei weichlichen und wankelmüthigen Kindern, diese an Arbeitsamkeit zu gewöhnen.

Seine „Werkstätte der Kinder" zerfällt in vier Bände, jeder Band in zwei Abtheilungen, jede erste führt „Naturbeschäftigungen", jede zweite „Kunstbeschäftigungen" an. Die ersten drei Bände behandeln einzeln das Thier-, das Pflanzen- und das Mineralreich. Er zeigt, wie er die Kinder lehrt, kleine Hausthiere zu pflegen, Stubenvögel zu warten, Singvögel und Insecten zu fangen, und die hiezu nöthigen Werkzeuge, wie Leimruthen, Netze, Schlingen, Meisekasten, Raupenkasten u. s. w. herzustellen. In ähnlicher Weise behandelt er im zweiten Theil die Beschäftigung mit Gegenständen des Pflanzenreiches und im dritten Theil mit solchen des Mineralreiches. Im vierten Band gibt er Anleitung zum Ausstopfen und Skelettieren von Thierkörpern, Belehrungen über Aufbewahren von Naturgegenständen in Weingeist, über die Kunst, Flecken aus mancherlei Zeug auszuwaschen u. a. m.

In der zweiten Abtheilung jedes Bandes, den Kunstbeschäftigungen, gibt er Anleitung über die verschiedensten Arbeiten, so über die Herstellung zerlegbarer Holzmodelle (Stühle, Tische), das Zusammenstellen von Knopffiguren, die Bereitung von Guirlanden und Ketten aus Hagebutten, die Herstellung verschiedener Behältnisse aus Pappe, das Modellieren angeschauter Landschaften, ganzer Werkstätten, das Gipsgießen, das Wachsbossieren; schließlich fügt er seinen Belehrungen noch die Technologie der betreffenden Arbeitsgattungen an. Blaschke will die Handarbeit zur Grundlage für die intellectuelle Bildung machen, und so steht er in dieser Beziehung ganz auf dem Boden der Ideen Rousseaus. Dieselben Ideen hatte im Jahre 1797 J. H. G. Heusinger (1766—1837), Docent für Philosophie und Pädagogik an der Universität zu Jena, in einer besonderen Schrift „Über die Benützung des bei den Kindern so thätigen Triebes, beschäftigt zu sein", behandelt. Heusinger geht von dem Satze aus, dass der Mensch zum Handeln und nicht zum Speculieren geboren sei. Aller theoretische Unterricht wird entweder durch die Handarbeit vorbereitet, indem das Interesse für denselben erweckt wird, oder sie begleitet ihn und klärt dadurch den Unterricht. Die Handarbeit ist Mittelpunkt alles Unterrichtes, und in ihr findet er die natürliche Concentration aller Lehrgegenstände; auch sei die Handarbeit mehr als jeder andere Lehrgegenstand geeignet, die Charakterbildung zu fördern. Heusinger charakterisiert seinen Standpunkt mit den Worten: „Die Kinder werden von ihrem sechsten Jahre an aus Büchern und durch Bücher unterrichtet. Was Wunder, wenn sie auf den Gedanken gerathen, Bücher seien der einzige Weg, auf dem man Kenntnisse erwirbt, und dass jeder bessere Kopf, der das Bedürfnis, in Kenntnissen weiter zu kommen, fühlt, keinen anderen Wunsch hat, als Bücher zu haben und studieren zu können. Die Erwerbung von Kenntnissen durch eigenes Anschauen, durch Versuche, durch eigenes Arbeiten ist etwas, wozu die Erziehung den Kindern entweder noch gar keine Anleitung oder doch nur in Nebenstunden gibt, weil man, dem Schulgeiste gemäß, noch immerfort glaubt und handelt, als sei das Lernen die Hauptsache bei der Erziehung."

Die Bestrebung der bis jetzt genannten Schriftsteller und Pädagogen war in ihren Wirkungen keineswegs eine nur auf einzelne Institute beschränkte. Vielmehr finden wir die Erkenntnis, dass die Arbeit ein wesentlicher Erziehungsfactor sei, so allgemein verbreitet, dass sie selbst bei der Erziehung der Fürstensöhne in Betracht gezogen wird.

Von Kaiser Josef II. wissen wir, dass er die Buchdruckerei erlernte, Ludwig XVI. von Frankreich betreibt noch als Mann das Schlossern, Ferdinand I. von Österreich das Drechseln.

Rousseau und seine deutschen Nachfolger betrachteten die Handarbeit von dem höheren Gesichtspunkt der allgemeinen Menschenbildung. Mit der Verarmung Deutschlands während des siebenjährigen Krieges und später während der napoleonischen Gewaltherrschaft wird dieselbe Frage von einem rein praktischen, dem social-ökonomischen Gesichtspunkte aus betrachtet. Den ersten Anstoß hiezu gab ein Österreicher, der böhmische Pfarrer Kindermann. Er gründete 1773 die erste „Industrieschule" in Kaplitz bei Budweis. Sein Bestreben gieng dahin, den Unterricht an den damaligen Volksschulen zu verbessern, da dieser nach seiner Erfahrung die Jugend gerade mit dem, was sie zeitlebens am meisten bedurften und brauchten, am wenigsten beschäftigte, und dieses auf verkehrte Art thue. Er sah darin die Quelle des Müßiggangs, der Armut, der Bettelei, der seichten Religionskenntnisse, der Lauigkeit in der Ausübung ihrer Gebote. Diesem Übel könne nur gesteuert werden durch die Gewöhnung der Jugend an Arbeitsamkeit, die man in besonderen Arbeitsclassen pflegen müsse. Kindermann hatte mit seinen Bestrebungen großen Erfolg. Schon nach sieben Jahren 1780 bestanden in Böhmen 200 Industrieschulen, in denen Knaben wie Mädchen neben den allgemeinen Unterrichtsgegenständen der Volksschule Spinnen, Nähen, Stricken, Klöppeln, Wollekrämpeln, Obst-, Gemüse- und Seidenbau, Bienenzucht u. s. w. lernten.

Der Geschichtsschreiber Helfert erklärt die von Kindermann gegründeten Industrieschulen geradezu als eine wesentliche Ursache der hohen Stellung Böhmens auf dem industriellen Gebiete.

Kindermanns Schöpfungen fanden in Österreich und Deutschland vielfache Nachahmung. Fast alle deutschen Landesregierungen befahlen die Errichtung von Industrieschulen; doch wurden aus diesen vielerorts „Erwerbschulen", so insbesondere in Lippe, wo der Verdienst von manchem Kinde während der Schulzeit 20—30 Thaler, bei einzelnen sogar über 70 Thaler betrug. Mit dem Hervorkehren dieses Standpunktes erwachte auch die Gegnerschaft vieler Pädagogen.

Pestalozzi stand am Eingang seiner Thätigkeit auf demselben Standpunkt. Er betrachtet es als eine wesentliche Förderung, dass die Verdienstfähigkeit in der Auferziehung der Armen so frühe, so ganz genutzt werde, als es mit vernünftigen Erziehungsgrundsätzen zu verbinden möglich sei. In seinen späteren Lebensjahren weist er der Arbeit eine viel höhere Bedeutung in der Erziehung zu. So lässt er den Schulmeister Gluschi in „Lienhard und Gertrud" in seiner Schule Hobelbänke, Drehstühle, eine Schmiede und Arbeitstische aufstellen und die Kinder daran unterrichten, weil ihm mit jedem Tag klarer ward, „die Arbeitsamkeit, die physische Thätigkeit unseres Geschlechtes sei das wahrhafte, heilige und ewige Mittel der Verbindung des ganzen Umfangs unserer Kräfte zu einer einzigen gemeinsamen Kraft, zur Kraft der Menschlichkeit. Alle Tage sah er mehr, wie die Aufmerksamkeit den Verstand bildet und den Gefühlen des Herzens Kräfte gibt; wie sie das den Kräften und der Reinheit des Lebens tödliche Schweifen der Sinne verhütet, der Einbildungskraft die Thore ihrer Verirrung zuschließt, den eitlen Zungen die Spitze ihrer Geschwätzigkeit abstumpft, den Pflichtsinn unserer Natur vor seinem Verderben bewahrt und von den Schwächen zurückführt, unser Maulbrauchen über das Thun für das Thun selber, und unser Geschwätz über Heldengröße für Heldengröße, und unser nichtiges Träumen über die göttlichen Kräfte des Glaubens und der Liebe für diese Kräfte selber anzusehen."

An Pestalozzis Streben, „die Verdienstfähigkeit der Armen" zu heben, knüpft Fellenberg die Organisation seiner Armen-Erziehungsanstalt in „Hofwyl" an und erweitert dieses so planmäßig, dass er seine Schule so einrichtete, dass sich die Anstalt durch die Arbeit der Zöglinge selbst erhielt.

Im Mittelpunkt aller Thätigkeit stand die landwirtschaftliche Arbeit; der theoretische Unterricht war in die Erholungsstunden gelegt. Fellenbergs Gehilfe, der Lehrer Wehrli, wusste aber auch die Feldarbeit zu einer Quelle reicher Belehrung über Gegenstände aus der Naturgeschichte, Naturlehre, Geometrie, Geographie u. s. w. zu machen, so dass in den theoretischen Unterrichtsstunden nur das zusammengefasst wurde, was die Kinder während ihrer Arbeit erfahren hatten.

Wir sahen auch bei Wehrli die Arbeit als den Mittelpunkt der ganzen Erziehung, nur hängt ihr die Absicht an, dass durch sie die Kosten der Anstalten selbst erworben werden. Nach Wehrlis Grundsätzen wurden eine große Anzahl von Schulen nicht nur in der Schweiz und in Deutschland, sondern auch in England und Frankreich gegründet, die in Deutschland nach dem geistigen Schöpfer derselben Wehrli-Schulen genannt wurden.

Auf denselben Grundsätzen beruht noch heute die Organisation vieler Armeninstitute und „Rettungshäuser für verwahrloste Kinder"; doch auch in vielen Ländern erhielten sich durch das Vorbild Fellenbergs und Wehrlis veranlasste Industrieschulen bis in die neueste Zeit. So waren in Württemberg im Jahre 1857 in 1383 Gemeinden Industrieschulen, in denen Stricken, Nähen, Spinnen, Klöppeln, Stroharbeiten, Löffelschnitzen, Papparbeiten, Garten- und Obstbau betrieben wurde.

Leider wurde der Zusammenhang zwischen diesen Industrieschulen und den Lernschulen immer mehr gelockert, so dass sie schließlich ganz unabhängig von einander waren. Damit war aber auch der Lebensnerv dieser Schulen unterbunden. Das Gute hatten sie im Gefolge, dass die weiblichen Handarbeiten für Mädchen als so nothwendig erkannt wurden, dass dieselben als obligatorischer Unterrichtsgegenstand in die Lehrpläne der Mädchenschulen in fast allen Culturstaaten eingefügt wurden.

Von einem vollen Verschwinden der Frage kann aber keineswegs die Rede sein. Immer wieder wurde dieselbe von hervorragenden Pädagogen aufgegriffen. In hervorragender und nachhaltigster Weise geschah dies durch Fröbel.

Dieser fußte im wesentlichen auf Hensinger; auch er gieng von dem Satze aus, dass der Wille das Ursprüngliche sei. Handeln, Darstellen, Thuen war früher als das Nachdenken, das Denken darüber um so früher als das Erkennen und Wissen, und dass zweitens das Nachdenken, das Denken, das Erkennen und Wissen sich sogleich wieder am Thun, am Darstellen, am Ausüben prüfe, fortentwickele und ausbilde. Nach Fröbel erkennt der Mensch nur das vollkommen, was er darzustellen imstande sei.

Es ist bekannt, wie Fröbel seine Ideen für das vorschulpflichtige Alter, die Kindergartenerziehung, ausbildete, aber nicht mehr Zeit fand, sein System auch auf die späteren Erziehungsstufen auszudehnen; doch haben dies andere nach ihm versucht, so Georgens und Deinhardt, die in Zwölfaxing bei Wien ein Institut gründeten, in dem sie versuchten, die Fröbel'sche Methodik zu verbessern und weiterzuentwickeln und auf die späteren Stufen der Schulerziehung auszudehnen; In ihren Schriften stellen die beiden Pädagogen Lehrgänge für die verschiedenen Stufen der Volksschulerziehung sie nehmen drei an auf.

Der Unterricht sollte seine Grundlage in der Handarbeit finden. So sollte das geometrische Zeichnen und die Formenlehre auf das geometrische Ausschneiden aufgebaut werden und in dem Papierfalten, den Erbsenarbeiten, Stäbchenlegen u. s. w. ihre Verwertung finden; das Rechnen sollte an das Formenlegen mit Stäbchen, Täfelchen und Ringen anknüpfen; das freie Zeichnen sollte ein selbständiges Abzeichnen der von den Kindern hergestellten Modelle und Körper sein. Der naturkundliche Unterricht lehnte sich direct an die Arbeiten im Garten an u. s. w. Den Einfluss, welchen Deinhardt speciell auf die Entwickelung des Handfertigkeits-Unterrichtes in Österreich genommen hat, will ich später besprechen.

In derselben Zeit, in welcher Fröbel seine reformatorische Thätigkeit entfaltete, schuf der Philosoph Herbart ein neues Erziehungssystem und fand für dieses zahlreiche Anhänger. Herbart, der Schöpfer der sogenannten „wissenschaftlichen Pädagogik", suchte gleichfalls, wenn auch aus anderen Gründen, die Handarbeit als einen wesentlichen Factor der Erziehung einzuführen. Er schreibt: „Mechanische Fertigkeiten würden oft nützlicher sein als Turnübungen. Jene dienen dem Geiste, diese dem Leibe. Zu Bürgerschulen gehören Werkschulen, die nicht gerade Gewerbeschulen zu sein brauchen. Und jeder Mensch soll seine Hände gebrauchen lernen. Die Hand hat ihren Ehrenplatz neben der Sprache, um den Menschen über die Thierheit zu erheben" — und an einer früheren Stelle sagt er: „Mit den bekannten Werkzeugen der Tischler sollte jeder heranwachsende Knabe und Jüngling umgehen lernen, ebensowohl als mit Lineal und Zirkel."

In Bezug auf den Unterschied zwischen dem rein theoretischen Unterricht und dem Arbeitsunterricht schreibt er: „Ein großer Unterschied ist zwischen dem Lernen des Handwerkers und demjenigen beim gelehrten Unterricht. Letzterer macht den Menschen sehr lange Zeit hindurch dergestalt passiv, dass hier in der Untersuchung die Frage vorherrschen muss: Was wird als Reaction auf die beständige Einwirkung des Lehrers im Zögling erfolgen? — Hingegen der Handwerker drückt mehr persönlich; das Lernen geht da meist im Kopfe des Lehrlings vor, da er die einzelnen Handgriffe leicht vollbringen kann und es nur darauf ankommt, ihm deren Reihenfolge und Effecte zu zeigen." Hierinnen findet Herbart auch den Grund, dass mancher heranwachsende Knabe beim Handwerker oder beim Kaufmann oder beim Ökonom eher in Ordnung kommt als in der Schule.

Herbart will auch die Schüler im Unterrichte selbstthätig auftreten lassen; denn „so lange der vortrefflich experimentierende Lehrer mit lauter eleganten und große Wirkungen hervorbringenden Instrumenten vor seinen Schülern hantiert, wird es nie zu einer rechten Technologie in der Schule kommen"; denn „es ist klar, dass diese Sache nicht abgethan ist mit den sogenannten praktischen Gegenständen, in denen der Lehrer der Praktiker ist, und die Schüler wie immer nur Zuschauer und Zuhörer des Wortes sind, in denen eine fingierte und darum verdummende Praxis den praktischen Sinn vollkommen auslöscht und die Augen voll Schulstaub streut". Herbart sieht auch in der Handarbeit ein wesentliches Mittel zur Charakterbildung, denn der Charakter gehe immer aus einem Handeln hervor, und die Erziehung müsse es immer als wünschenswert ansehen, wenn die Charakterzüge der künftigen Person unter der Leitung und Mitwirkung der Erziehung selbst zustande kommen, also nicht dem Zufall und der planlosen Einwirkung überlassen werde. Herbart hat die Betrachtungen über die Handarbeit als Erziehungsfactor bei der Besprechung über die Bürgerschule, d. i. jene Schulkategorie, welche den Zöglingen nicht eine gelehrte Bildung geben will, angestellt; wie er die Handarbeit an den Gymnasien etc. gedacht hat, darüber hat er sich nicht ausgesprochen.

Seine Theorien wurden von drei hervorragenden Pädagogen, Ziller, Barth und Stoy, ins Praktische übersetzt. Ziller unterscheidet Haupt- und Nebenclassen, den letzteren überweist er den Arbeitsunterricht mit vier bis fünf wöchentlichen Unterrichtsstunden, die Hauptclassen haben lediglich eine allgemeine Menschenbildung zu vermitteln. Die Nebenclassen haben die Aufgabe, in dem Zögling den Grund zur künftigen Brauchbarkeit in der bürgerlichen Gesellschaft zu legen. Doch sollen Haupt- und Nebenclassen in einem gewissen Zusammenhang stehen. Der Unterricht in den letzteren soll auf den allgemein bildenden Unterricht der Hauptclassen fortbauen und daraus Consequenzen für die Praxis ziehen; die allgemeinen Gesetze sollen hier ihre specielle Anwendung finden.

Barth dagegen fasst den Arbeitsunterricht als eine nothwendige Ergänzung dessen, was die Schule als Erziehungsschule zu leisten habe. Der Arbeitsunterricht ist ihm der intensivste Anschauungsunterricht; er gibt die Controle, ob der Schüler das Wahrgenommene auch vollständig erfasst habe; auch werden durch ihn die Sinneswerkzeuge und die Hand in einer Weise ausgebildet, wie dies kein anderer Unterrichtsgegenstand vermöge. Der Unterschied zwischen der Auffassung Fröbels und Barths besteht darin, dass ersterer den Arbeitsunterricht als Ausgangspunkt, letzterer aber als Anwendungsunterricht auffasst. Wie er dies durchführte, soll uns der Lehrplan für die erste Classe zeigen. Im Mittelpunkt alles Unterrichtes steht für diese das Märchen als Concentrationsstoff, weshalb die Classe auch „Märchenclasse" heißt. Es werden durch Streifenaufkleben hergestellt: Stuhl, Tisch, Thür, Haus (bei der Besprechung des Märchens „Die Sternthaler"), Nussblatt, Pumpe, Springbrunnen, Schwein (bei „Hähnchen und Hühnchen"), Waschtisch, Uhrkasten, Schrank (bei „Die sieben Gaislein"), u. s. w. Gefaltet wurden Fidibusse, Tüten, Hefte, Bonbonkörbchen für den Christbaum, auch künstliche Blumen. Im Anschluss an die Naturkunde wird das Ausnähen von Thiergestalten (Eule, Katze, Ziege etc.) betrieben. Die sechste, die Liviusclasse, bildete aus Pappe den Plan von Rom, einen Ziehbrunnen, mathematische Körper, Kästchen, Büchereinbände, Schreibhefte, Mappen und Bilderrahmen, aus Holz Reißschiene, Setzwage, Wasserwage, Haspel, aus Gips Blätterabdrücke, Büsten von Schiller und Goethe und eine Sphinx.

Dieser Unterricht fand auch am städtischen Pädagogium in Wien durch Dr. O. Willmann, der Director der Übungsschule dieses Institutes war, Eingang. Der drittgenannte Herbartianer Schulrath Stoy stand in der Praxis der Ziller'schen Schule nahe. Stoy führte im Jahre 1867/8 am Bielitzer Lehrerseminar, dessen Director er war, den Handfertigkeitsunterricht ein.

Wir kommen nun zur Besprechung der letzten Periode, zur Gegenwart. Hier will ich vorerst die Verhältnisse in Österreich besprechen.

wie sich diese seit der Schaffung der neuen Schulgesetze entwickelt haben.

Mit dem Inslebentreten der österreichischen Lehrertage begann die Discussion über den Handfertigkeitsunterricht. Heinrich Deinhardt, der von mir schon früher genannte Pädagog, stellt schon am 1. österreichischen Lehrertag, September 1867, einen Antrag auf Einführung der darstellenden Arbeiten in die Volksschule und wiederholte auf dem 2. allgemeinen österreichischen Lehrertag in Brünn, 1868, seine Forderung, die auch volle Zustimmung fand. Deinhardt gab mit seinem Collegen von der evangelischen Schule in Wien, mit Chr. Gläsel, ein Werkchen „Die darstellenden Arbeiten im Volksschulunterricht" heraus und zeigte mit diesem, wie er sich die Verbindung des Realunterrichtes mit der Handarbeit dachte.

Die Bestrebungen Deinhardts auf den allgemeinen österreichischen Lehrertagen hatten insoferne Erfolg, als in dem 1869 erschienenen Schulgesetz die Handarbeit als unobligatorischer Lehrgegenstand für Bürgerschulen und 1872 das Modellieren durch einen Ministerialerlass in Realschulen Aufnahme fand.

Von weitgehendstem Einfluss war aber das 1873 erschienene Werkchen „Die Arbeitsschule als organischer Bestandtheil der Volksschule" von Dr. Erasmus Schwab in Wien. Dieser hatte auf der Weltausstellung im Prater ein Musterschulhaus ausgestellt, welches auch eine Schulwerkstätte neben einem Schulgarten enthielt. Dr. Schwabs Anregungen fielen auf einen fruchtbaren Boden. In Deutschland wie in Österreich kam neues Leben in die Entwickelung unserer Frage. Die Handarbeit wird in einzelnen Schulen eingeführt. 1882 wird der erste Verein gegründet, der sich die Aufgabe stellt, Schulwerkstätten im Bezirk Neubau-Wien zu gründen. Der Anreger dieser Idee ist der ehemalige Gemeinderath K. Lustig, erster Obmann war der k. k. Commerzialrath Josef Blazincic, ihm folgte in dieser Eigenschaft der pensionierte technische Lehrer der Zoller'schen Unterrealschule in Wien, Landtagsabgeordneter Alexander Riss, der noch jetzt dem Verein mit unermüdlicher Schaffenslust vorsteht.

Der genannte Verein schritt nun daran, auch Lehrkräfte für den Handfertigkeitsunterricht heranzubilden und eröffnete 1884 den ersten Curs für Wiener Lehrer, 1888 einen solchen für Lehrer Cisleithaniens, letzterer findet stets in den Ferialmonaten statt. Leiter dieser Curse ist der Verfasser dieser Schrift. Auch Bürgerschuldirector Josef Urban (Wien-Neulerchenfeld), der mehrmals bei Director Salomon in Nääs den Handfertigkeitsunterricht erlernt und geübt hatte, eröffnete 1886 eine Schulwerkstätte, mit der er auch Lehrercurse verband. Director Urban hat für die Verbreitung des „schwedischen Systems" in Österreich theils durch Vorträge, theils durch Bücher und Vorlagewerke, die er in Vereinigung mit Collegen herausgab, rege gewirkt.

Einen mächtigen Förderer fand die Frage an dem Hofrath v. Eitelberger, Director des österreichischen Museums für Kunst und Industrie, der selbst mehrere Schriften über den Gegenstand veröffentlichte und die Abhaltung einiger Vorträge hierüber im Museum veranlasste. Durch diese Vorträge, die von dem Verfasser und von Dr. C. Sitte gehalten wurden, wurden auch der Schule fernestehende Kreise für den Gegenstand interessiert, so Se. k. Hoheit der Herr Erzherzog Rainer, der sogar das Protectorat über den früher genannten Verein übernahm. In demselben Jahre (1884) und 1887 beschäftigte sich auch das österreichische Abgeordnetenhaus mit dem Gegenstand. Die Frage kam nun nicht mehr ins Stocken, und so bestehen in Österreich gegenwärtig weit über 300 Schulwerkstätten; auch wird an mehreren Lehrerbildungsanstalten der Handfertigkeitsunterricht als unobligatorischer Unterrichtsgegenstand gelehrt. Im Jahre 1893 fand in Wien der 1. Congress der Lehrer und Freunde des Handfertigkeitsunterrichtes Österreichs statt, mit dem auch eine Ausstellung von Lehrer- und Schülerarbeiten verbunden war. Diese Ausstellung, welche in den Localitäten der 1. Wiener Schulwerkstätte exponiert war, zeigte von den bedeutenden Fortschritten, welche der Handarbeitsunterricht in Österreich gemacht hatte. Obmann dieses Congresses war Alex. Riss, Referent Alois Bruhns. Von nachhaltiger Einflussnahme war der Antrag, welchen Karl Müller aus Retz auf diesem Congresse stellte, der dahin gieng, dass der einzige Verein für Knabenhandarbeit in Österreich seine Statuten dahin ändere, dass er sich über ganz Österreich ausdehnen könne. Das geschah auch. Schon besitzt dieser erweiterte Verein einige Ortsgruppen und dürfte bald zum Mittelpunkt für alle Bestrebungen auf diesem Gebiete werden. Als Obmann fungiert der schon mehrmals genannte Alexander Riss. Der Verein gibt auch eine Fachzeitung: „Blätter zur Förderung der Knabenhandarbeit in Österreich" heraus, deren Schriftleiter Rudolf Petzel, Lehrer in Wien, ist.

In Deutschland wurde die gegenwärtige Bewegung auf dem Gebiete des Handfertigkeitsunterrichtes von zwei Seiten angeregt und beeinflusst; einmal durch den dänischen Rittmeister i. P. Clauson-Kaas und durch die Schriften des schon genannten Dr. Erasmus Schwab. Ersterer hatte in seinem Vaterland eine „Hausfleißgesellschaft" gegründet, durch die er dem Müßiggang und der Verarmung vorbeugen wollte. Die Bestrebungen Clauson-Kaas', waren anfänglich in Dänemark von großem Erfolge begleitet; als er 1873 zum Jurymitglied der Wiener Weltausstellung ernannt wurde und daselbst mit Dr. E. Schwab in Verbindung trat, wurde man auch in Deutschland auf ihn aufmerksam. Mehrere Gemeinden und Gesellschaften luden ihn hierauf ein, Vorträge über die Handarbeit zu halten; später bewog man ihn, praktische Curse für Lehrer abzuhalten. An diesen lehrte er mit Unterstützung von Handwerkern: Strohflechten,

Bürstenbinden, Tischlerei, Laubsäge- und Einlegearbeiten, Papparbeiten und Buchbinderei. Der Stadtrath v. Schenckendorff, gegenwärtig preußischer Landtagsabgeordneter, bewog die preußische Regierung, eine Commission nach Dänemark und Schweden zu schicken, um daselbst die Hausfleißbestrebungen an Ort und Stelle zu prüfen. Das Resultat war ein ungünstiges, da es sich herausstellte, dass in Dänemark nirgend ein methodisch geordnetes System des Handarbeitsunterrichtes anzutreffen war. Mehr Anklang fanden die Bestrebungen auf diesem Gebiete, welche diese Commission in Schweden vorfand. Dort wurde schon seit vielen Jahren ein besonderer Handarbeitsunterricht (Slojd genannt) betrieben, und dieser war bereits in ein gewisses System gebracht; auch suchte man dort durch die Arbeit die formale Bildung zu fördern.

Trotz des ungünstigen Berichtes dieser Commission ließen sich die Freunde des Handfertigkeitsunterrichtes in Deutschland nicht abschrecken. Sie suchten den Gegenstand in andere Bahnen zu bringen. So verwarfen sie für die allgemeine Volksschule die Stroh- und Korbflechterei, ferner die Laubsägerei und führten statt diesen den Kerbschnitt ein; die Tischlerei bildeten sie nach schwedischem Muster aus, die Papparbeiten und das Modellieren nach Fröbels Ideen. Hervorragende Verdienste um die Ausgestaltung des Gegenstandes haben sich damals erworben: v. Schenckendorff, Grunow, Director des Gewerbemuseums in Berlin, Prof. Dr. Biedermann, Superintendent Raydt in Lingen', Director Michelsen in Hildesheim, Redacteur A. Lammers in Bremen, Director Kunath in Dresden, Zeichenlehrer Härtle in Zwickau, Dr. Gelbe und Dr. Götze. Letzterer, gegenwärtig Director der Lehrerbildungsanstalt für Knabenhandarbeit in Leipzig, strebte immer mehr dahin, den Handfertigkeitsunterricht in den Dienst der Schule zu stellen, wie dies sein letztes Werk „Schulhandfertigkeit" ganz besonders zeigt. Härtle machte sich insbesonders verdient um die Ausgestaltung der Papparbeiten und des Modellierens.

Um die ganze Bewegung in eine einheitliche Bahn zu leiten, wurde 1881 in Berlin eine Conferenz von Freunden des Handfertigkeitsunterrichtes unter dem Vorsitz des Prof. Biedermann und des Herrn v. Schenckendorff abgehalten, welche einen Centralausschuss mit dem Vororte Bremen einsetzte und die Wochenschrift „Nordwest" als Organ der Bestrebung wählte. Wenige Jahre hierauf wurde auf einem Congress der Beschluss gefasst, einen Verein, welcher sich über ganz Deutschland ausbreiten soll, zu gründen. Dieser, „Der deutsche Verein für Knabenhandarbeit", erstarkte rasch und verfügte bald über so viel Mittel, dass er im Jahre 1886 ein eigenes Lehrerseminar für Knabenhandarbeit in Leipzig ins Leben rufen konnte. Gegenwärtig zählt man gegen 400 Schulwerkstätten, darunter sind aber auch solche gerechnet, welche die Vorbereitung der Jugend für eine bestimmte Hausindustrie im Auge haben. Solche Anstalten gibt es insbesondere in Sachsen. Mehrere derselben stehen gegenwärtig unter der Oberaufsicht des Rittmeisters Clauson-Kaas.

Frankreich hat in seinem Schulgesetz vom Jahre 1882 den Handfertigkeitsunterricht als einen obligaten Unterrichtsgegenstand für alle Primär-Schulen erklärt. Bereits wird daselbst in 20.000 Schulen der Handfertigkeitsunterricht ertheilt und noch werden jährlich 1800 Lehrer für diesen Gegenstand herangebildet. Paris allein widmet ihm jährlich ungefähr 500.000 Frcs.

In Norwegen ist der Handfertigkeitsunterricht für Stadtschulen obligatorisch, für Landschulen facultativ. Schweden besitzt mehr denn 1000 Arbeitsstätten, die ihre Entstehung nur der Privatinitiative, ihren weiteren Bestand aber der namhaften Unterstützung des Staates verdanken. Wie tief durchdrungen ein ganzes Volk von dem Segen der physischen Arbeit sein kann, zeigt uns Schweden dadurch, dass selbst seine Gelehrtenschulen, die Universitäten zu Upsala und Lund, dem Handfertigkeitsunterricht in ihren Mauern eine Freistätte eröffneten. Ich kann es an dieser Stelle nicht unterlassen, auch des opferwilligsten Freundes des Handfertigkeitsunterrichtes zu gedenken, des Herrn Abrahamson, der für dessen Zwecke die hohe Summe von $1/4$ Mill. Kronen gespendet hat und dabei keineswegs engherzig die Grenzen für die Verwertung dieser Riesensumme gezogen hat, da das von ihm materiell und von seinem Schwiegersohn Salomon geistig geschaffene und geleitete Lehrerseminar auch selbst Amerikanern und Japanesen seine Pforten zu ihrer Ausbildung geöffnet hat. In Finnland ist der Handfertigkeitsunterricht seit dem Jahre 1866 ein obligatorischer Unterrichtsgegenstand der Volksschule.

Aber auch im Süden, in dem aufstrebenden Bulgarien, finden wir gleichfalls die tiefe Überzeugung bei den Staatsmännern herrschend, dass die physische Arbeit ein wesentlicher Erziehungsfactor ist, auch dort ist in der allerjüngsten Zeit dessen obligatorische Einführung ausgesprochen worden.

In Belgien geniefsen gegenwärtig über 28.000 Schulkinder Handfertigkeitsunterricht. Auch Italien und Spanien stehen unserer Frage nicht mehr fremd gegenüber, und selbst das ferne Ostland Japan hat schon in Europa nach dem Werte des Handfertigkeitsunterrichtes Anfrage gehalten.

Dass Amerika nicht zurückgeblieben ist, brauche ich nicht besonders anzuführen, nur sei hier angeführt, dass mehrere Männer und auch Frauen den Ocean durchschifften und selbst bis zu uns kamen, um hier den Handfertigkeitsunterricht zu studieren.

Die Grundsätze, nach denen die Lehrgänge aufgestellt sind.

Nach Rissmann[*)] gibt es drei Richtungen des Handfertigkeitsunterrichtes:

Die eine Richtung betrachtet als ihr Ziel hauptsächlich die Ausbildung gewisser Handfertigkeiten;

die andere Richtung sucht vorzugsweise Bildung der Handgeschicklichkeit überhaupt, ferner Erwerbung von Lust und Liebe zur Arbeit, sowie die Aneignung praktischen Sinnes zu vermitteln;

die dritte Richtung sucht die Bedeutung der Handarbeit in ihrem Einfluss auf die Erziehung, auf die Förderung der menschlichen Entwicklung, der körperlichen wie der geistigen. Ihr ist der Handfertigkeitsunterricht der intensivste Anschauungsunterricht; aus ihm will sie aber auch Angriffspunkte für den weiteren theoretischen Unterricht nehmen. Der Schüler soll das zu Erlernende nicht nur anschauen, sondern erfahren und dieses Erfahrene selbstthätig verarbeiten.

Es bedarf wohl keiner weiteren Erörterungen, um den Nachweis zu erbringen, dass die letzte Richtung unmittelbar und ganz ausschliesslich in den Dienst der Erziehung sich stellt. Der Pädagog wird ihr den Vorzug geben; der Nationalökonom aber wird wahrscheinlich in bestimmten Fällen einer der früheren Richtungen huldigen.

Ich will auf diese verschiedenen Anschauungen nicht weiter eingehen, sondern direct die Gründe berühren, welche mich bei der Aufstellung der Lehrpläne bestimmten.

Normal beanlagte Kinder suchen sich möglichst viel physisch zu beschäftigen, ihren Gedanken Realität zu verleihen.

Was ist das Spiel der Kleinen anderes, als das Streben, ihre Gedankenwelt praktisch darzustellen? Wenn das Kind dann später in die Lernschule kommt, der Unterricht daselbst einen entsprechenden und erfolgreichen Fortschritt nimmt, so sucht sich dieses Streben auch weiter zu bethätigen, wenn auch in der Regel, wie dies durch die Unterrichtsertheilung bedingt ist, in beschränktem Maße; das Kind sucht zu zeichnen, rechnet und misst an allen möglichen Gegenständen und sucht selbst Erzählungen, die es gehört, mit Hilfe seiner Kameraden darzustellen. Wie oft mag schon die Aufforderung von einem Kind an ein anderes ergangen sein: „Spielen wir Rothkäppchen, du bist der Wolf und ich das Rothkäppchen!"

Kommt das Kind, oder sagen wir der Knabe, weil wir in Zukunft nur von diesem sprechen werden, in die höheren Classen, wo er Real-

*) Geschichte des Arbeitsunterrichtes in Deutschland. Von Rob. Rissmann, Gotha.

unterricht genießt, dann sucht er das in der Schule Geschaute daheim wieder darzustellen: er experimentiert.

Tritt bei einem Kinde diese Erscheinung nicht zutage, dann liegt der Grund entweder in einer krankhaften Entwickelung des Körpers, oder der Unterricht hat keine klaren Vorstellungen vermittelt, weshalb das Kind schon bei den ersten Versuchen muthlos geworden ist und die Lust zur praktischen Bethätigung verloren hat. Nur das Gelingen, der Erfolg verleiht Muth, der schließlich die Energie entwickelt.

Das Gesagte als wahr vorausgesetzt — und ich glaube hiebei auf keinen Widerstreit zu stoßen — zwingt uns zu der Behauptung: Will der Unterricht ein erziehlicher sein, will er alle in dem Kinde schlummernden Kräfte wecken und entwickeln; so muss er auch die physische Arbeit in seinen Bereich ziehen.

Hiemit wären aber auch die Grenzen angedeutet, innerhalb welchen er die physische Arbeit pflegen muss. Was die Pädagogik für die einzelnen Unterrichts- und Erziehungsstufen als das Wesentliche und Richtige anerkannt hat; die Vorstellungen, die sie zu entwickeln als nothwendig erachtet: sie bilden die eigentliche Welt, in der das Kind lebt; für sie hat auch das Kind das Bedürfnis, sie praktisch zu gestalten. Der Handfertigkeitsunterricht wird sich daher, sofern er in die Zeit, wo das Kind Schulunterricht genießt, fällt, enge an diesen anschließen müssen. Das Hereinziehen fremder, mit dem Unterrichte nicht im Zusammenhang stehender Objecte, reißt das Kind aus seiner eigentlichen Welt heraus, entzieht es seiner einheitlichen Entwicklung.

Es dürfte sich empfehlen, an diesem Orte die Frage aufzuwerfen: Hat unser theoretischer Unterricht überhaupt eine Ergänzung durch die physische Arbeit nöthig? Es würde zu weit führen, diese Frage für jede Stufe beantworten zu wollen, haben wir ja doch nur bei unserer Organisation die Oberstufe der Volksschule, eventuell die Bürgerschule im Auge. Um eine raschere Übersicht der Forderungen des Unterrichtes zu erreichen, brauchen wir uns bloß den Lehrplan einer bestimmten Schulkategorie, z. B. den der Knaben-Bürgerschule, zu vergegenwärtigen.

Der Lehrplan mag in einigen Beziehungen den Forderungen der Pädagogik oder einzelner Pädagogen nicht ganz entsprechen; das kann uns bei der Beantwortung der oben gestellten Frage vorerst gleichgiltig lassen; insonderheit, da wir den Handfertigkeitsunterricht nur nach seiner Aufgabe als Ergänzungsunterricht in Betracht ziehen wollen (später sollen noch einige Worte über ihn als Ausgangspunkt für den theoretischen Unterricht gesagt werden).

Der Lehrplan in Naturlehre fordert: „Kenntnis der wichtigsten physikalischen und chemischen Erscheinungen, hauptsächlich auf Grundlage des Experimentes, mit steter Rücksicht auf die Bedürfnisse des bürgerlichen Lebens."

Wer soll experimentieren? Der Lehrer. Das ist in der Classe gar nicht anders möglich. Wird aber der Schüler nicht auch das Bedürfnis empfinden, das Experiment selbst zu versuchen? Jeder Lehrer, welcher Physik gelehrt hat, weiß, wie bei jeder Gelegenheit die Schüler versuchen, das Experiment mitzumachen. (Ein Schüler, der hiezu keine Freude zeigt, ist entweder faul oder sehr beschränkt.)

Wird in der Classe von der Schwere gesprochen, so sieht man die Knaben gleich bereit, sich von der Wahrheit des Gesagten durch das eigene Experiment zu überzeugen. Spricht man von der Reibungselektricität, so kann man sich überzeugt halten, dass, wenn man es erlauben würde, in der nächsten Stunde die meisten Knaben Glasstangen mitbringen.

Man kann diese Erscheinung so deuten: Diese Dinge machen den Schülern Spass, desbalb ihr Eifer. Ganz recht! aber ich erlaube mir die Frage: Macht es ihnen nicht Freude, weil sie sich von einer Wahrheit selbst überzeugen können?

Zerreißt das Kind die Puppe, weil es Freude am Zerstören hat, oder weil es wissen will, wie sie im Innern aussieht?

Der Knabe will selbst in der Schule experimentieren, nicht weil er hiedurch die Ruhe im Zimmer stören und den Lehrer ärgern kann — ein Kind, bei dem dies vorausgesetzt werden könnte, gehört in die Besserungsanstalt — sondern weil es erfahren will.

Das Kind kommt mit seinem Bethätigungstrieb den Forderungen des Lehrplanes gewissermaßen entgegen, der aufstellt, unterrichte „mit steter Rücksicht auf die Bedürfnisse des bürgerlichen Lebens". Das soll doch heißen, das Kind soll dahin geführt werden, zu erfassen, dass die physikalischen Gesetze nicht bloß in der Schulstube, herbeigeführt durch die Hand des Lehrers, herrschen, sondern den Menschen allüberall umgeben, dass er ihren Einfluss überall erfahren kann.

Der Schüler wird nicht nur so einfache Versuche mitmachen wollen, sondern auch schwierigere, ja wahrscheinlich alle; dazu aber gehört eine nicht unbedeutende Handfertigkeit. Mancher junge Lehrer dürfte sich noch erinnern, wie lange es bei ihm gebraucht hat, bis er mit Hammer, Säge, Feile u. s. w. einigermaßen zu hantieren verstand, wie oft er den Finger statt des Drahtstiften getroffen hat.

Ist nun im Schüler der Drang, sich Selbsterfahrungen zu sammeln, zu constatieren, wird auch anderseits durch eine solche Bethätigung der Unterricht vertieft, so sollte auch dem Schüler Gelegenheit geboten werden, sich die nöthige Handfertigkeit anzueignen. Oder sollte es vielleicht besser sein, dass jedes Kind in dieser Richtung wie Robinson alles sich selbst erwirbt?

Eine gleich intensive Ergänzung des theoretischen Unterrichtes durch die praktische Herstellung der Objecte fordert die „Geometrie" und das „geometrische Zeichnen".

Ziehen wir nur die Constructions-Aufgaben in Betracht. „Ist der Schüler imstande, aus einer Construction das entsprechende Object im Geiste aufzubauen?" In vielen Fällen wird die Antwort verneinend ausfallen.

Nehmen wir z. B. den Fall, der Schüler zeichnet das Netz des Dodekaëders; wird er imstande sein, im Geiste die einzelnen Flächen so aneinander zu fügen, dass sie den vollen regelmäßigen Körper zu bilden scheinen? Wenn nicht, woher nimmt er nun die Überzeugung, dass sein gezeichnetes Netz den Anforderungen entspricht!

Anders steht die Sache, wenn er die Figuren aus Pappendeckel ausschneidet und die einzelnen Kanten aneinanderreiht.

Nehmen wir ein anderes Beispiel. In der ersten Classe wird die Congruenz der Dreiecke gelehrt. Die Schüler construieren z. B. aus zwei Seiten und dem eingeschlossenen Winkel die zwei congruenten Dreiecke. Haben sie ihre Aufgabe graphisch gelöst, so besitzen sie nur ihr Augenmaß, das ihnen die Übereinstimmung der nebeneinander gelagerten Figuren erweisen kann. Dass aber das Augenmaß bei elf- bis zwölfjährigen Jungen wenig verlässlich ist, das ist bekannt. Der Junge muss also die gegebene Erklärung des Lehrers auf Treue und Glauben aufnehmen, einen Beweis dafür — die mathematische Begründung bleibt ihm ja auch unklar — hat er nicht.

Lassen wir ihn dagegen seine zwei Figuren ausschneiden und aneinander legen, dann hat er den Beweis vor Augen; vorausgesetzt, dass er richtig gezeichnet hat.

Diese Voraussetzung veranlasst mich, auf einen Ausspruch von früher einzugehen: „Der Handfertigkeitsunterricht soll den theoretischen Unterricht anregen." Lassen wir beispielsweise Knaben das Netz eines regelmäßigen Körpers construieren: viele werden diese Aufgabe mangelhaft lösen. Die Fehler werden um so bedeutender, je complicierter die Figur ist. Der Fehler wird aber von dem Schüler gar nicht gefunden werden; diese Erscheinung kann keineswegs überraschen. Das Auge des Kindes, selbst das vieler Erwachsener ist nicht so scharf, um einen kleinen Fehler in der Netzzeichnung zu ersehen. Jeder kleine Fehler tritt aber ganz deutlich hervor, wenn man aus dem Netz den Körper aufbaut. Gibt man dem Schüler Gelegenheit, sich von der Richtigkeit, eventuell Fehlerhaftigkeit seiner Zeichnung auf diesem Wege zu überzeugen, so führt man ihn auch zu dem Bewusstsein, **wie nothwendig ein genaues Zeichnen für das praktische Leben ist.**

Der Zeichenunterricht behandelt nicht nur das Flachornament, sondern auch das Relief, denn das heißt doch Zeichnen nach Vorlagen und Modellen. Damit soll doch offenkundig erreicht werden, dass der Knabe später auch nach einer Zeichnung einen Gegenstand sich vorstellen, eventuell, wenn er die Fertigkeit erworben hat, herstellen kann.

Noch mehr tritt dieser Gedanke zutage in dem Satze: „Zeichnen einfacher gewerblicher Objecte im Grund- und Aufriss."

Eine mehrjährige Erfahrung hat mich gelehrt, dass bei vielen Schülern, insbesondere bei den nur mäßig talentierten, dieses Ziel nicht erreicht wird. Der Lehrplan ist aber nicht für die sehr talentierten Schüler, sondern für das Mittelmaß der Kinder bestimmt. Kann aber dieses Ziel das Mittelmaß der Schüler nicht erreichen, so bedarf der Unterricht einer Ergänzung. Diese Ergänzung kann ihm der entsprechend organisierte Handfertigkeitsunterricht sein.

Sollte jemand die Behauptung aufstellen, dass sich ganz gut auf nur theoretischem Wege das Ziel des Zeichenunterrichtes in der von mir angedeuteten Weise bei der überwiegenden Mehrzahl der Schüler einer Classe erreichen lässt, so lade ich ihn ein, sich von dem Gegentheil in einer Schulwerkstätte während der ersten Wochen eines neuen Curses zu überzeugen. Eine solche Überzeugung lässt sich eben nur bei der praktischen Arbeit erwerben.

Unserem Grundsatze gemäß, die Arbeiten in der Schulwerkstätte zugleich als Geistesarbeiten zu betrachten, verbannen wir aus derselben jede Schablone insoweit, als sie nicht vom Schüler selbst hergestellt wird. Wir suchen nicht, ein rasches Arbeiten ohne geistige Anstrengung zu erzielen. Wir lassen deshalb bei den Tischlerarbeiten nicht immer nach Modellen arbeiten, sondern verpflichten die Schüler vielmehr, sich die betreffenden Zeichnungen (Grundriss, Aufriss) zu skizzieren und nach diesen zu arbeiten. Das Modell dient ihnen zum Schlusse nur zur Vergleichung.

Ich habe bisher nur die rein didaktische Seite unserer Frage betrachtet, die formale glaube ich recht kurz behandeln zu können, denn die Vortheile der physischen Arbeit nach dieser Richtung liegen für den Lehrer klar auf der Hand.

Jeder Unterricht soll zur Selbstthätigkeit führen; diese Forderung wird ganz besonders der Handfertigkeitsunterricht erreichen, da der Schüler hiebei ja nie passiv, sondern stets activ ist.

Jeder Unterricht soll dem Schüler Interesse erwecken. Das wird er thun, wenn er stufenmäßig geleitet wird, so dass das Kind immer den Anforderungen genügen kann. Am meisten Lust und Liebe zeigt der Knabe zu jenen Unterrichtsgegenständen, bei denen er selbstthätig wirken kann, wobei er activ ist. Dass dies beim Handfertigkeitsunterricht in hohem Maße der Fall ist, liegt auf der Hand.

Der Schüler soll zur Aufmerksamkeit und Beharrlichkeit geführt werden. Ein Ziel, das jeder Unterrichtszweig anstrebt, der Handfertigkeitsunterricht aber ganz besonders. Der Schüler muss aufmerksam sein, wenn er mit einem scharfen Werkzeug umgeht, sonst folgt die Strafe auf dem Fuß; er muss jeden Handgriff sorgfältig ausführen, denn der gemachte Schnitt im Holz u. s. w. lässt sich nicht mehr ungeschehen machen. Die Beharrlichkeit wird bei Knaben nur dadurch erreicht, dass man diese Schritt für Schritt, von Erfolg zu Erfolg führt.

Ich habe die sogenannte formal bildende Seite des Handfertigkeitsunterrichtes nur ganz cursorisch berührt, weil ich der Überzeugung bin, dass nicht so sehr der Gegenstand als solcher, sondern die Art, wie er und in Hinblick auf welches Ziel er behandelt wird, die formal bildende Kraft inne hat.

Für uns steht der Handfertigkeitsunterricht nach der reellen Forderung als Anschauungs- und Anwendungs-, eventuell Ergänzungsunterricht da; in formaler Beziehung muss er sich den allgemeinen Forderungen der Pädagogik strenge unterordnen, dann aber wird er mehr, viel mehr nach dieser Richtung erreichen helfen, weil er das Kind fortgesetzt in Activität behält.

Noch wollen wir die Stellung der Handarbeit zur körperlichen Entwickelung in Betracht ziehen. Hierbei können wir von Herbarts Ausspruch: „Die Hand hat ihren Ehrenplatz neben der Sprache, um den Menschen über die Thierheit zu erheben", ausgehen. Kein anderer Unterrichtsgegenstand vermag die Hand so frei zu machen als der Handarbeitsunterricht. Im Zeichnen wird stets nur nach zwei Dimensionen gearbeitet, die Hand hat stets einen Stützpunkt; die freie Bewegung nach der Höhe schafft nur der Handfertigkeitsunterricht. Durch das Turnen kann wohl der Arm und die Hand gekräftigt, nicht aber geschickt gemacht werden. Die Handarbeit tritt hier als Ergänzung des Turnunterrichtes auf. Mit diesem hat aber unser Gegenstand, sofern er gut geleitet wird, viel Gemeinsames: auch er übt die verschiedensten Muskelpartien, ist also keineswegs einseitig; auch er schafft das Bewusstsein der Kraft und gibt Sicherheit den Bewegungen.

Wenn wir noch die national-ökonomische Seite der Frage in Betracht ziehen, so müssen wir als eine besondere Eigenschaft des Handfertigkeitsunterrichtes seine Eignung hervorheben, dass durch keinen anderen Unterrichtszweig die Wertschätzung der physischen Arbeit in gleich kräftiger Weise erzielt werden kann als durch ihn; denn bei ihm gründet sich die Wertschätzung auf Verständnis. Wer selbst mit der Hand arbeitet, weiß, wie wenig die physische Kraft allein ausrichtet, wie nur der Geist den Zusammenhang herzustellen vermag. In dem Verständnis des Aufbaues einer Arbeit liegt der Maßstab für die Wertschätzung derselben, und schließlich, wer durch Arbeit angeleitet wird, von Erfolg zu Erfolg zu schreiten, der wird an der Arbeit Freude finden. Verständnis der Arbeit, Lust und Liebe zur Arbeit führen aber zur Selbständigkeit und zum Wohlstand.

Die verschiedenen Handfertigkeiten.

Der Handfertigkeitsunterricht, als Anwendungsunterricht aufgefasst, kann sich nicht auf ein Arbeitsmaterial oder auf nur eine Art der Handfertigkeit beschränken. Er wird vielseitig sein müssen, selbst auf die Gefahr hin, dass die Ausbildung der einzelnen Fertigkeit eine geringere werde. Der Handfertigkeitsunterricht kann ja nicht dahin streben, „Gesellen" heranzubilden; das ist Sache der Meisterlehre; seine wesentliche Aufgabe besteht vielmehr darin, dass er das Verständnis für eine Arbeit und die Wertschätzung derselben vermittle.

Um der ersten Forderung zu entsprechen (das Verständnis für eine Arbeit anzubahnen), verbannen wir die Schablone; wir lassen den Schüler bei verschiedenen Arbeiten: „Constructeur, Arbeiter und Buchhalter" sein, das soll heißen:

1. er muss sich die Zeichnungen für das herzustellende Object selbst anfertigen;

2. er muss den Gegenstand nach dieser Zeichnung herstellen;

3. er muss die Herstellungskosten berechnen.

Es ist wahr, dass hiedurch der physischen Arbeit etwas Zeit entzogen wird; aber man bedenke, dass bei den ersten Objecten die Zeichnungen sehr einfach sind, desgleichen auch die Calculationen, und demzufolge die darauf verwendete Zeit nur eine verhältnismäßig kurze ist. Auch kommt es bei unseren Schülern vor, dass sie die Zeichnungen entweder in der Lernschule schon gemacht haben oder dieselben daheim herstellen. So schmilzt der Verlust an Zeit für die physische Arbeit auf ein Minimum zusammen, und wir erreichen durch unseren Vorgang einen weit höheren Zweck: die Anbahnung für das Verständnis einer Arbeit.

Eine Routine in einer Handfertigkeit kann man nur durch ununterbrochene Übung erlangen. Bei der aber dem Handfertigkeitsunterricht nur kurz zugemessenen Zeit von etwa vier Stunden wöchentlich eine Routine auch nur anzustreben, ist ganz widersinnig und zwecklos.

Der Knabe, welcher sich nach der Schulzeit einem Handwerk widmet, findet in der Meisterlehre genug Gelegenheit, sich durch ununterbrochene Übung eine Routine anzueignen, ganz besonders dann, wenn er schon ein Verständnis für die Herstellung einer Arbeit mitbringt, wenn er ferner die Handhabung des betreffenden Werkzeuges bereits kennt.

Tritt der Schüler nach seiner Schulzeit in eine andere als gewerbliche Richtung, dann ist es für ihn wesentlich, dass er überhaupt die Handhabung eines Werkzeuges versteht; ein schnelles Arbeiten hat für ihn weniger Wert, weil ihn dasselbe nicht ernähren muss.

Welche Handfertigkeiten sollen in der Schulwerkstätte geübt werden?

In Hinblick auf unser Ziel und auf den zugrunde gelegten Lehrplan halten wir folgende Handfertigkeiten für nöthig:
1. Bearbeitung von Papier und Pappendeckel.
2. von Holz,
3. in sehr beschränktem Maße von Blech, Draht, Glas und
4. von Thon und Gips.

Die dabei in Verwendung kommenden Werkzeuge ergeben sich von selbst.

Eine eingehende Behandlung dieser Frage sind die auf den folgenden Seiten angeführten Lehrpläne.

Bevor wir aber auf die Besprechung derselben übergehen können, müssen wir uns mit der Einrichtung eines Arbeitslocales beschäftigen.

Das Arbeitslocal.

Das Arbeitslocal soll möglichst hoch sein und eine gute Beleuchtung haben. Für jeden Schüler rechne man $13\,m^3$ Luftraum, welches Ausmaß wir für genügend halten. Eine Norm nach dieser Richtung aufstellen wollen, dürfte eine ganz müßige Arbeit sein, da eine Schulwerkstätte, je nachdem sie diese oder jene Arbeitsgattung mehr pflegt, in gleich großen Räumen eine verschiedene Anzahl Arbeitender unterbringen kann, was schon durch die verschiedenen Arten der Werkbänke bedingt wird; dann wird auch darauf Rücksicht genommen werden müssen, ob durch die Arbeit Staub entwickelt wird oder nicht. Ich halte es überhaupt für gefährlich, ganz besonders bei einem verhältnismäßig so neuen Zweig, gleich alles in Normen fesseln zu wollen. Solche aufgestellte Normen leben sich leicht ein und sind dann, selbst wenn ihre Hinfälligkeit erkannt wird, so schwer auszurotten; sie hängen der Entwickelung wie Bleigewichte an, die den Fortschritt gewaltig hemmen. Auch bin ich der Meinung, nachdem die Durchführer solcher Ideen denkende Männer sind, so kann man auch ihrem Urtheil etwas zutrauen.

Als Werktisch für die Cartonagearbeiten, für Modellieren und Holzschnitzen haben sich uns Tische aus weichem Holz, $2\,m$ lang, $1\,m$ breit mit $4\,cm$ starken Tischplatten bewährt; diese kommen in Wien per Stück auf circa 11 fl. zu stehen. An jedem Tisch können sechs Knaben arbeiten.

Unsere Hobelbänke sind $115\,cm$ lang und $80\,cm$ hoch, haben Vorder- und Hinterzangen. Diese Höhe entspricht dem Mittelmaß der Schüler. Das Nähere über Preis u. dgl. siehe unter „Arbeiten an der Hobelbank".

Das Arbeitslocal muss täglich gereinigt werden, u. zw. besorgen die Reinhaltung der Werkbänke die betreffenden Schüler, die Reinigung des Fußbodens aber der Schuldiener; letztere Einrichtung empfiehlt sich hauptsächlich deshalb, weil bei dem Kehren des Fußbodens oft recht viel Staub entwickelt wird.

In der Werkstätte soll nach Möglichkeit alles vermieden werden, was der Gesundheit der Schüler nachtheilig sein kann.

Aus diesem Grunde haben wir die Laubsägearbeiten verworfen; denn bei diesen wird feiner Staub entwickelt, und es muss der Schüler dabei stets sitzen, auch werden nur die Armmuskeln angestrengt. Das Sitzen ist überhaupt nachtheilig: wir lassen die Knaben weder beim Holzschnitzen, noch bei den Cartonagearbeiten sitzen, und so weit möglich, lassen wir sie auch beim Modellieren abwechselnd sitzen und stehen.

Inwiefern wir für die Instandhaltung der Werkzeuge sorgen, wollen wir später bei dem Capitel „Buchführung" erörtern.

I. Die Cartonage-Arbeiten.

1. Hilfsmittel (Werkzeuge und Materialien).

A. Werkzeuge.

Schnitzer, Schneidmesser: Schnitzer mit Heft, das Eisen verstellbar	per Stück fl. —·80
Handschnitzer in Heft (Solingerklingen) . .	„ „ —·20
Scheren: Starke Papierschere, 20 cm lang .	„ „ 1·20
Starke Papierschere, 10 cm lang .	„ „ —·60
Lineal aus Eisen, 40 cm lang	„ „ —·80
Winkel aus Eisen, circa . .	„ „ 1·—
Falzbein, circa	„ „ —·10
Zirkel: wir verpflichten die Schüler, ihre Schulreißzeuge mitzubringen.	
Leimkochapparat	„ 1·50
Kleistertopf: Hiezu dient ein gewöhnlicher irdener Topf (um circa 6 kr.).	
Pinsel für den Kleister .	„ „ —·07
„ „ „ Leim	„ „ —·10
Schneidbretter aus Linden- oder Erlenholz. Wir lassen die Schneidbretter von unseren Knaben der Tischlerabtheilung herstellen, so kommt uns ein Stück aus Lindenholz, 50 cm lang, 25 cm breit, auf circa	„ —·20
aus Erlenholz, dieselben Dimensionen, circa . .	„ —·16
Holzcylinder verschiedenen Durchmessers, zur Herstellung der Cylinder aus Pappendeckel, circa .	„ —·06

B. Materialien.

Pappendeckel: Man unterscheidet Holz-, Hadern- und Strohdeckel; erstere sind weiß, lassen sich nur wenig biegen und brechen leicht; die Haderndeckel sind grau, die Strohdeckel gelb, beide sind sehr biegsam.

Pappendeckel wird en gros nach dem Gewichte verkauft. Bezeichnungen wie 40 beziehen sich auf die Zahl der Deckel in einem Bunde per 25 Kilogramm.

In der Schulwerkstätte kommen drei Gattungen in Verwendung. Im Einzelverkaufe stellt sich der Preis eines

		Holzdeckels	Strohdeckels
sehr schwach von 67/97 cm Dimension Nr.	50	6 kr.	6 kr.
mittelstark „ „ „ „ „	40	8 „	8 „
stark „ „ „ „ „	30	10 „	11 „

Kartendeckel. Zu feinen Arbeiten nimmt man Kartendeckel, diese werden bezüglich der Stärke in verschiedene Nummern getheilt. Davon kommen in Verwendung:

Nr. 2 . 1 Stück 3 kr.
„ 3 . 1 „ 4 „
„ 4 . . 1 „ 5 „
„ 5 . . . . . 1 „ 6 „

Da diese Deckel nur 41/51 groß sind, so sind sie verhältnismäßig sehr theuer, wodurch ihre Verwertung beschränkt ist.

Buntpapiere: Affichen 47/60 . . . . . per 25 Bogen 13 kr.
Glanzpapier 34/42 . . . „ 25 „ 15 „
Holzfladerpapier 47/78 . . . . „ 25 „ 60 „
Chagrinpapier 50/60 . . . . „ 25 „ 75 „
Kalblederpapier 50/66 . . . . „ 25 „ 100 „
Moirépapier . . . . . per 25 Bogen 60—80 „
Walzendruck . . . . „ 25 „ 35 „
Farbendruck, fein . . . . „ 25 „ 75 „
Goldphantasie . . . „ 1 „ 8 „
Tuchpapier . . . . „ 1 „ 12 „
Buchbinderleinwand . . . . per Meter 47 „

Nach dem Preisverzeichnis der Firma A. L. Faber, Papierniederlage, Wien, VII., Neubaugasse 80.*)

---

*) Bezüglich des Einkaufes von Papier und Pappendeckel von einer größeren Firma einer entfernteren Stadt will ich bemerken, dass Sendungen von 25 kg durch die Eisenbahn befördert werden können und nur auf 15—25 kr. zu stehen kommen, während kleinere Sendungen durch die Post befördert werden müssen und der Preis schon bei 5 kg auf 30—50 kr. zu stehen kommt. Auch stellt sich der Preis von 25 kg Pappendeckel auf fl. 2·50—3·—, also bei jedem Stück um 1—2 kr. billiger.

Kleister: Diesen erzeugen wir selbst, und zwar auf folgende Art: Man nimmt Kleisterstärke, gibt sie in kaltes Wasser und lässt sie darinnen eine Stunde liegen. Nach dieser Zeit wird kochendes Wasser unter beständigem Quirlen oder Umrühren der Stärke zugesetzt. Dieses wird so lange fortgesetzt, bis man glaubt, dass der Kleister die nöthige Consistenz habe. Hiebei ist zu beachten, dass derselbe beim Erkalten immer dicker wird. Fällt der Kleister zu dünnflüssig aus, so muss man ihn nochmals über das Feuer bringen und wieder erwärmen, wobei das überflüssige Wasser verdunstet. Wird der Kleister klumpig (weil er zu wenig gequirlt wurde), so seiht man ihn durch ein Sieb. Sauer gewordenen Kleister kann man wieder verwendbar machen, indem man Löschpapier hineingibt und mehrere Stunden darin liegen lässt. Kleisterstärke stellt sich in Wien per Kilogramm auf 36 kr.

Leim: Buchbinderleim . . . . Preis per Kilogramm 36 kr. Wenn derselbe aufgelöst werden soll, so verfahre man so: Die einzelnen Leimblätter schlägt man in ein Tuch und bricht sie in kleine Stücke. (Unterlässt man das Einschlagen, so splittert er, besonders wenn er sehr trocken ist, weit umher.) Dann legt man die kleinen Stücke auf eine Stunde in kaltes Wasser, dass sie sich ganz erweichen, und erst dann wird der Leim heiß gemacht. So lange er über Feuer steht, muss er mit einem Holzspan umgerührt werden, sonst „brennt" er an der Bodenfläche an. Bei dem Leimkochapparat befindet sich zwischen Leimkessel und Flamme Wasser; indem dieses erhitzt wird, theilt es seine Wärme dem Leimbehälter mit und löst den Leim auf, ohne dass ein Anbrennen eintreten kann. Durch eine schwache Flamme kann man den Leim fortgesetzt warm erhalten.

Recapitulieren wir die Anschaffungskosten.

1. Von den angeführten Werkzeugen soll jeder Schüler besitzen:

1 Stück Schnitzer	. Preis	20 kr.
1 „ Eisenlineal		80 „
1 „ Reißzeug (Schülerreißzeug) .		—
1 „ Falzbein . . .	„	10 „
1 „ Schneidbrett	„	16 „
	Summe . . fl.	1·26 kr.

2. Für etwa 6 Schüler, die an einem Tisch arbeiten, sind außerdem erforderlich:

3 Scheren à 60 kr. . .	. fl.	1·80
2 eiserne Winkel	. „	2·—
1 Kleistertopf und 3 Pinseln .	. „	—·30
1 Leimkochapparat und Pinsel	. „	1·60
	Summe . . fl.	5·70

Es stellen sich demnach die Anschaffungskosten der Werkzeuge für 6 Schüler auf (6 × fl. 1·26) + fl. 5·70 = fl. 13·26.

An Materialien, als: Pappendeckel, Buntpapier, Leim, Kleister verarbeiten 6 Schüler im Monat um circa fl. 1·50, also ein Kind um circa 25 kr.

2. Lehrgang.

Die Cartonagearbeiten stellen wir vorwiegend in den Dienst des geometrischen Unterrichtes.

Bei den Cartonagearbeiten kommen nur wenige Werkzeuge in Anwendung. Von diesen ist der Gebrauch des Zirkels, des Lineals, des Winkels aus der Lernschule als bekannt vorauszusetzen; aber auch die Handhabung des Messers und der Schere dürfte dem Schüler nicht ganz fremd sein.

Die Schwierigkeiten liegen deshalb vorwiegend in den Constructionen der herzustellenden Objecte; doch auch diese Schwierigkeiten verschwinden umsomehr, je inniger sich der Unterricht in der Schulwerkstätte an den in der Lernschule anschließt.

Die erste Bedingung für alle weiteren Arbeiten ist die sichere Handhabung des Messers. Der Schüler muss gleich von vorneherein dazu angehalten werden, jede Schnittfläche vollkommen rein herzustellen. Zu diesem Zwecke lasse man ihn eine Anzahl schmaler Leisten nach gegebenen Maßen schneiden; dabei mache man ihn aufmerksam:

1. Das Schneiden mit dem Messer darf nur auf dem Schneidbrett geschehen.
2. Das Messer wird nicht ganz senkrecht zur Schnittfläche gehalten; doch muss es an die Kante des Lineals senkrecht angedrückt werden.
3. Das Messer wird nur leicht niedergedrückt, da im entgegengesetzten Falle das Lineal in der Regel verschoben wird. Man kann, um das Rutschen des Lineals hintanzuhalten, in das Schneidbrett zwei Stiften schlagen und an diese das Lineal anlegen.
4. Das Messer muss möglichst scharf sein.

Wir haben bisher mit Erfolg den nachstehenden Lehrgang eingehalten:

I. Gruppe. Die Fläche.
(Taf. 1 und 2, Fig. 1—6 und Taf. 6, Fig. 1—13.)

Das Kaschieren. Hat man eine Pappendeckelfläche zu überziehen (kaschieren), so ist es immer von Vortheil, wenn man die Kante hiemit einbezieht; dies kann in doppelter Weise geschehen:

a) Das Deckpapier wird größer geschnitten, als die Pappendeckelfläche ist. Das Deckpapier wird mit Kleister oder mit Leim gleichmäßig und nicht zu stark bestrichen, auf den Pappendeckel gelegt und mit einem Tuche glatt gestrichen; hierauf werden die Ecken abgeschnitten — siehe Taf. 1, Fig. 1, 2, 3 — und dann auf die zweite Seite niedergedrückt. Soll die zweite Fläche auch überzogen werden, so wird eine etwas kleinere Fläche aus Deckpapier geschnitten (das geschieht am besten mit dem Messer) und aufgeklebt. Dieses Deckpapier soll nirgend den Rand berühren, da es sonst leicht losblättert.

Das vorspringende Deckpapier beim Kreis und anderen gekrümmten Flächen wird entweder eingeschnitten — siehe Taf. 2, Fig. 4 — und diese einzelnen Zungen werden hierauf niedergedrückt und festgeklebt, oder, was einfacher ist, der Rand wird recht schmal geschnitten, niedergedrückt (ohne Einschneiden) und festgeklebt. Die dabei entstehenden Falten lassen sich mittels des Falzbeines fast ganz ausgleichen.

b) Dem Überziehen der Flächen geht das Rändern voraus.

Man schneidet etwa 1 cm breite Streifen von einem färbigen Papier, mit dem man rändern will (am häufigsten wird schwarz verwendet), biegt diese in der Mitte zusammen, bestreicht die innere Seite mit Klebstoff (Kleister oder Leim), indem man sie auseinanderbiegt und überzieht hierauf die Kanten. Die Schnitte sind dieselben, wie bei *a)* angegeben wurde. Die darüber zu legenden Deckpapiere werden etwas kleiner geschnitten, dass die Ränderung noch ersichtlich ist (ein breiter Rand erscheint plump).

Das Kaschieren größerer Flächen.

Hiebei beachte man, dass das Deckpapier nicht ganz so groß geschnitten werden darf, als man es haben will, weil das Papier, wenn es mit Klebstoff bestrichen wird, sich etwas ausdehnt. Hat man das Papier bestrichen, dann legt man es auf einer Kante zurecht, während man die andere Kante hochhebt und nun das Papier von der so gerichteten Seite langsam niederlässt und mit einem Tuche gleichstreicht.

Zu dieser Gruppe gehören die Objecte von Taf. 6, Fig. 1—13. Material: 40 Pappendeckel, schwarzes und Holzpapier.

Fig. 1 das Viereck, Fig. 2 der Stundenplan, Fig. 3 das Bild, Fig. 4 das Vexiertäschchen, Fig. 5 die Mappe mit beweglichen Deckeln.

Der Rücken: Es wird ein entsprechend breiter Leinwandstreifen geschnitten, dieser wird rechts und links soweit mit Leim bestrichen, als der Deckel kommen soll. Der Rückenstreifen soll länger als der Deckel sein, dass er oben und unten — siehe Fig. 6, Taf. 6 bei *a b* — eingeschlagen und geleimt werden kann. Die Bänder werden vor dem Überkleben der inneren Flächen eingezogen und angeleimt.

Fig. 7, 8, 9, 10, 11 sind Objecte mit gebrochenen und krummen Kanten. Man thut gut, diesen Objecten das Kaschieren einer Kreisfläche noch einmal vorausgehen zu lassen. Siehe die Fig. 4 auf Taf. 2.

Fig. 7 auf Taf. 6 ein Thaumatrop, Fig. 8 ein Wandkorb, Fig. 9 ein Wandkorb mit zwei Taschen, Fig. 10 ein Farbenkreisel, Fig. 11 eine Stroboskopische Scheibe.

Das Kaschieren von Landkarten. Fig. 12. Taf. 6. Die Leinwand wird auf einer Fläche, einem Reißbrett — auch auf dem Fußboden — aufgespannt, d. h. mit Stiften straff aufgenagelt. Die Karte wird in entsprechend kleine Theile geschnitten; hierauf werden die einzelnen Theile auf der Rückseite mit schwachem Leim bestrichen und aufgeklebt. Zwischen je zwei Blättern muss ein entsprechend breiter Raum freibleiben, dass die Ränder der Karte beim Zusammenlegen nicht mit umgebogen werden. Die Leinwand wird erst dann vom Brette losgenommen, wenn der Leim ganz trocken ist.

Fig. 13 ein Bilderrahmen. Die Zierleiste wird aus Pappe hergestellt, aufgeleimt und bis der Leim trocken ist, belastet; dann glättet man sie mit Glaspapier (Nr. 0).

Wenn die Schüler aus höheren Classen im geometrischen Unterricht bei der Dreieckslehre angelangt sind, so können sie in der Werkstätte eine Anzahl Lehrsätze praktisch darstellen. Siehe die Darstellungen von Taf. 1, Fig. 5 und 6.

II. Gruppe. Die offene Schachtel als Grundform.
(Taf. 2, Fig. 7*a* und 7*b* und Taf. 6, Fig. 14—20.)

Material: 40er Pappendeckel, schwarzes und verschiedenes buntes Papier.

Man lässt ein Quadrat von einer Seitenlänge von 16 cm schneiden, ritzt dann 3 cm vom Rand entfernt die Bodenfläche ein und schneidet die vier kleinen Quadrate a 1 $\ast$ 8 u. s. w. weg. Hierauf werden die Seitenwände umgebogen, fest niedergedrückt und dann mit geleimten Leinwandstreifen verbunden, siehe Fig. 7*b* bis *a* und 3, oder es wird bei Fig. 7*a* der Pappendeckel nur bis 8*e*, 2*f*, 4*h* und bis 6*g* durchschnitten und die oben etwas verjüngt zugeschnittenen Flügel, wie bei Fig. 7*b* unter *b* angedeutet ist, an die andere Seitenfläche angeleimt. Hierauf wird die Schachtel ohne Ränder überzogen, oder sie wird zuerst gerändert und dann werden die einzelnen Seiten mit Holzpapier oder mit einem anderen Papier überzogen. Will man auch die inneren Flächen kaschiert haben, so thut man gut, dies schon vor dem Zusammenleimen der Schachtel zu machen.

Fig. 15 von Taf. 6 ein Futteral für Bücher. Fig. 16 ein Zündhölzchenkästchen, Fig. 17 ein Wandkalender, Fig. 18 ein Tintenzeug, Fig. 19 ein elektrischer Puppentanz. Siehe die größere Zeichnung auf Taf. 3, Fig. 12. In die Schachtel legt man einen gebogenen Pappendeckel; dieser, wie die Seitenwände werden mit Stanniol überzogen. Die Figürchen stellt man aus Hollundermark her. Fig. 20 eine Visitkartenschale. Maße der Grundfläche: 20 cm lang, 12 cm breit, Höhe der Seitenwände 5 cm.

III. Gruppe. Das Prisma als Grundform.
(Taf. 2, 3, 4, Fig. 8—15 und Taf. 6, Fig. 21—28.)

Taf. 6, Fig. 21. Der Würfel. Nachdem das Netz construiert ist, wird die innere Fläche auf einmal mit Papier überzogen (damit erreicht man, dass sich die Flächen nicht krümmen), dann schneidet man das Netz aus, ritzt die entsprechenden Seitenlinien ein und klebt dann den Würfel zusammen. Soll der Würfel als Modell für den Zeichenunterricht dienen, so wird er nicht geändert und nur mit weißem oder grauem Papier überzogen. Man lasse, wenn nicht ein besonderer Befehl der Lernschule vorliegt, jede Seite 10 cm lang machen. Soll der Würfel geändert werden, so sind die Randstreifen recht schmal zu machen, will man aber ihnen das Ansehen geben, als seien sie Füllungsumrahmungen, dann können sie breiter sein, sollen aber auf „Gehrung" geschnitten werden — siehe Fig. 8 auf Taf. 2.

Fig. 22. Kästchen für Tintenfläschchen. Auf Taf. 3 zeigt die Fig. 13 a das vollendete Kästchen, Fig. 13 b das Netz, Fig. 13 c eine Wand der Fächertheilung des Einsatzes. Die zweite Wand ist ebenso zu schneiden. Wenn man die beiden Wände bei den Schlitzen ineinanderschiebt, so erhält man einen kreuzförmigen Einsatz, durch welchen vier Fächer erzielt werden. Die Lappen (von Fig. 13 b) a b p q — b d s — a e r geben die Zange des Deckels. Die Lappen 2 l u u. s. w. sind als Klebflächen zu denken.

Taf. 6, Fig. 23 eine Schachtel. (Maße: Länge 26, Breite 20, Höhe 7 cm.) Wird diese, wie in Fig. 9 auf Taf. 2 angedeutet ist, eingerichtet, so kann sie zur Aufbewahrung von Mineralien dienen.

Fig. 24 ein Schmetterlingskasten. (Maße: dieselben wie bei Fig. 23.) Den Deckel schneidet man aus einem Stück. Nach dem Zusammenkleben überzieht man diesen; hierauf schneidet man einen etwas kleineren Rahmen aus Pappendeckel, legt zwischen diesen und den Deckel das Glas, klebt mit Leinwand den Rahmen an den Deckel fest und überzieht schließlich die innere Fläche mit Buntpapier. Die Grundfläche belegt man mit Filzpappe oder mit einer dünnen Korkplatte. (Siehe auch Fig. 11 von Taf. 3.)

Fig. 25 ein Raupenkasten. (Maße: Länge 10, Breite 10, Höhe 25 cm.) Material: 30er Pappendeckel. Siehe die größere Zeichnung von Taf. 4, Fig. 15. Der obere Theil b ist abzunehmen. Das Gitterwerk (grober Tüll) wird innen eingeleimt, und zwar vor dem Zusammenleimen des Kastens, überhaupt muss das Innere noch in der Netzform vollständig fertiggestellt werden.

Fig. 26 ein Mauerdurchblicker (Eckengucker). (Maße: Höhe 14. Länge 21. Tiefe 7 cm.) Material: 30er Pappendeckel. Die Innenflächen werden schwarz überzogen. die kreisrunden Sehlöcher werden mit einem Hohleisen ausgeschnitten. a, b, c, d sind Spiegel, die unter einem Winkel von 45° eingeschoben werden, nachdem man vorher kleine Leisten aus starkem Pappendeckel (siehe bei 1. 2. 3. 4. 5. 6) angebracht hat. Die eine Seitenwand (diese ist in der Figur weggelassen) wird nicht festgeleimt, um die innere Einrichtung schauen zu können; sie wird nur an den oberen Rändern 7—8. 9—10 mit einem Leinwandstreifen festgeklebt, dass man sie wie durch Charniere heben kann.

Fig. 27 ein Federkästchen. (Maße: Länge 20. Breite 5. Höhe 3 cm.) Material: 30er Pappendeckel. Man erzeugt zuerst die Lade (Fig. 14. Taf. 3), durch Auflegen dieser Lade auf einen Pappendeckel erhält man die Maße für den Mantel. Die offenen Kanten werden mit einem Leinwandstreifen zusammengeklebt. Das Deckpapier wird größer als die ganze Mantelfläche geschnitten, über diese geklebt, die vorstehenden Ränder werden nach innen gebogen und angeklebt.

Fig. 29, 30 und 31 sind theilweise Wiederholungen, aber in schwieriger Form. Fig. 29 Winkelspiegel. Der Spiegel a ist fest, b beweglich. Die Beweglichkeit wird mittels eines Leinwandstreifens erreicht. Die Spiegel werden in Rahmen eingeschoben. Die Größenverhältnisse richten sich nach dem vorhandenen Transporteur, der auf der Grundfläche aufgeklebt werden soll. Fig. 30 ein Wandkorb. Fig. 31 eine Schale mit gebogenen Rändern.

IV. Gruppe. Die Pyramide als Grundform.
(Taf. 4. Fig. 19—20) und Taf. 7, Fig. 32—36.)

Siehe vorerst Taf. 1, Fig. 19 a und b. Hier ist das Netz eines Tetraeders und der Vollkörper gezeichnet. Soll der Körper als Modell im Zeichenunterricht dienen, dann gilt dasselbe was beim Würfel gesagt ist.

Fig. 33 auf Taf. 7 ein Octaeder. Fig. 34 ein Kegelstutz.

Fig. 35 der Beweis, dass eine Pyramide der dritte Theil eines Prismas von gleicher Grundlinie und Höhe ist. Fig. 35 a gibt das Netz einer Pyramide (in unserer Figur ist ein Würfel angenommen), die Seiten a, b, c, d, e und f sind gleich lang, ebenso die Seiten g, h, j und m und die Seiten k und l. Die Seiten a, b, c und d nehme man 10 cm lang.

Fig. 36 der Lichtmesser (Photometer). Das Prisma ist zu beiden Seiten offen, in der Mitte ist ein Pyramidenstutz aufgesetzt, in der Schnittfläche befindet sich das Sehloch, unter demselben ist eine gleich große Öffnung im Prisma, unter diesem befindet sich ein dreieckiges, liegendes Prisma, das mit weißem Papier überzogen ist; die Innenwände des großen

Prisma sind schwarz. Stellt man vor die eine Öffnung eine Normalkerze, vor die zweite eine andere Flamme und blickt durch das Sehloch auf das weiße Prisma, so kann man die Lichtstärke der Flamme abschätzen.

V. Gruppe. Der Cylinder als Grundform.
(Taf. 4, 5, Fig. 16–17 und Taf. 7, Fig. 37–46.)

Als Material nimmt man sehr dünnen Pappendeckel, etwa 60er oder mindestens 50er; als Hilfsmittel ist eine entsprechend starke Holzwalze nöthig. Für das Übungsstück soll dieselbe 20 cm lang sein und einen Durchmesser von 6 cm haben. Für die Mantelfläche wird ein Streifen Pappendeckel geschnitten, der zweimal so lang als der Umfang sein soll. Dieser wird alsdann an den zwei Seiten a b, c d (Fig. 16 b, Taf. 4) abgeschärft, dann wird über die Holzwalze zuerst ein gewöhnliches Papier gelegt (dies hat den Zweck, dass der Cylinder, wenn er trocken ist, leicht von der Walze abgezogen werden kann); hierauf wird die Mantelfläche einmal über den Holzcylinder gewickelt, das noch überstehende Stück der Mantelfläche wird mit Leim bestrichen und nun aufgerollt und entweder mit einigen Drahtstiften angenagelt oder mit Spagat umwunden. Ist der Leim trocken, dann wird die Mantelfläche mit Glaspapier ganz glatt gemacht, auf den beiden Enden mit einem scharfen Messer beschnitten und hierauf von der Holzwalze abgezogen. Die beiden Grundflächen werden so groß gemacht, dass sie genau in den Cylinder hineinpassen; sie müssen aus starkem Pappendeckel hergestellt werden. Diese Kreise werden mit Buntpapier überzogen, das aber größer als der eigentliche Kreis ist, die vorstehenden Kanten werden entweder in Zungen geschnitten (siehe Fig. 16 c), oder direct an die Mantelfläche niedergeklebt; schließlich wird die Mantelfläche überzogen. — Je kleiner der Cylinder und je stärker der Pappendeckel ist, desto schwerer nimmt er die gewünschte Rundung an. Man thut dann gut, um dies zu erreichen, ihn vorher an einer Tischkante auf- und abzuziehen. Noch merke man, dass zu diesen Arbeiten „Holzpappendeckel" wegen seiner Sprödigkeit nicht verwendet werden kann.

Fig. 38 ein Serviettenring, Fig. 39 ein Fadentelephon.

Fig. 40 die Camera clara, diese besteht aus zwei ineinanderpassenden Röhren; die größere Röhre wird auf einer Seite geschlossen, in der Mitte dieses Kreises wird mit einer Nähnadel eine Öffnung gemacht. Die kleinere Röhre wird auf der einen Kreisfläche mit einem sehr feinen Goldschlägerpapier überzogen. Durch Einschieben der kleineren Röhre in die größere, und zwar mit der überzogenen Kreisfläche voran, kann man auf dieser durch die feine Öffnung Bilder auffangen.

Fig. 41 ein runder Notenbehälter.

Fig. 42 eine Camera obscura. Maße: eine Seitenlänge 20 cm. Material des Kastens: 20er Pappendeckel. Die Röhre aus schwachem

Pappendeckel wie bei der Fig. 40. Die Einrichtung ist aus Fig. 18 auf Taf. 5 ersichtlich.

Fig. 43 das Litermaß. Fig. 44 eine runde Schachtel, wie sie beim Käferfangen benützt wird. Der Deckel bekommt feine Löcher. Fig. 45 das Lebensrad (Thaumatrop). Das Gestell ist aus Holz, ebenso die Grundfläche des Cylinders, denn diese muss auf das Gestell aufgeschraubt werden, doch so, dass es sich leicht drehen lässt. Die Maße werden durch die Größe der Bilder bedingt. Die Sehlöcher sind oberhalb der Bilderleiste. Das Innere des Cylinders muss schwarz überzogen werden.

Fig. 46 ein Visitkartenkörbchen mit geschweiften Wänden.

Taf. 5, Fig. 47 ein Kaleidoskop. Der untere Theil, in dem sich zwischen zwei Gläsern (das innere gewöhnliches, das äußere Milchglas) die Glassplitter befinden, wird beweglich gemacht, etwa so, wie der Deckel des Notenbehälters. Kommen der Schule die drei Spiegel zu theuer zu stehen, so können statt derselben gewöhnliche Gläser genommen werden, deren Rückseiten entweder mit Kienruß bestrichen oder mit schwarzem (mattem) Papier überzogen werden.

VI. Gruppe. Der Kegel als Grundform.
(Taf. 7, Fig. 47—49.)

Der Kegel wird aus schwächerem Pappendeckel, etwa 50er, hergestellt. Man zeichnet einen Kreis von entsprechendem Durchmesser (10 cm), und schneidet diesen aus, hierauf zieht man einen Radius, schneidet auf dieser Linie den Pappendeckel durch; diese beiden Kanten werden abgeschürft, dann solange übereinandergeschoben, bis man für die Grundfläche den entsprechenden Durchmesser (10 cm) erreicht hat. Es empfiehlt sich, den Pappendeckel früher an einer Tischkante zu streichen, dass er leichter die Form annimmt. (Siehe was darüber beim Cylinder gesagt ist.)

Fig. 48 ein offener Kegelstutz als Blumentopf-Umhüllung.

Fig. 49 a der Doppelkegel, 49 b die Bahn, auf welcher dieser scheinbar bergauf läuft. Den Doppelkegel stelle man aus zwei einfachen Kegeln her, die man mit den Grundflächen zusammenleimt, Maße des Kegels: Durchmesser 10 cm, Axenlänge 25 cm; Maße der Bahn: Länge 40, Höhe bei a 6, bei b 10 cm; beide Seitentheile werden bei a mit Leinwand verbunden.

VII. Gruppe. Schwierigere und zusammengesetzte Objecte.
(Taf. 7, Fig. 50—58.)

Fig. 50 ein Körbchen, aus zwei Kegelstutzen zusammengestellt.

Fig. 51 der Dodekaëder, Fig. 52 der Ikosaëder, Fig. 53 Darstellung des Satzes $a^3 + 3 a^2 b + 3 a b^2 + b^3$. Fig. 54 ein Zündhölzchenhälter, das Netz zum Postament siehe Taf. 5, Fig 21.

Fig. 55 ein Körbchen, das Netz hiezu siehe Taf. 5, Fig. 23.
Fig. 56 eine Centrifugalbahn. Das Gestell wird aus Holz hergestellt, die Bahn aus Pappendeckel.
Fig. 57 ein Schmuckkästchen; Fig. 58 eine Schreibmappe.
Fig. 24 auf Taf. 5 zeigt das Netz eines Röhrenknies. Dieses Object dürfte nur von sehr geschickten Schülern gut hergestellt werden.

Die Kugelform wurde in diesen Lehrgang nicht aufgenommen, weil ihre Herstellung zu viel Schwierigkeiten bereitet.

II. Die Arbeiten an der Hobelbank.

1. Hilfsmittel.

A. Werkzeuge.

Nr. 1. Hobelbank, 115 cm Länge . . . . fl. 13·—
„ 2. Hobel: 1. Schropphobel, 30 mm Breite des Eisens . . „ —·55
        2. Schlichthobel, 42 mm Breite des Eisens „ —·60
        3. Doppelhobel 42 „ - - - „ 1·05
        4. Doppelrauhbank 51 „ - „ - „ 1·80
        5. Zahnhobel 36 „ - - „ „ —·80
        6. Gesimshobel, gerader, 12 „ - „ „ —·55
        7. „ schräger 15 „ „ - „ —·58
        8. Nuthobel 6 „ „ „ „ —·75
        9. Grundhobel . . . . „ ·60
      10. Rundstabhobel, 9 mm Breite des Eisens „ —·50
      11. Hohlkehlhobel, 9 „ - „ „ „ —·52
„ 3. Sägen: 1. Breite Säge (Schlichtsäge) . . . . „ 1·—
        2. Halbbreite Säge (Absetzsäge) . . . . „ —·75
        3. Schweifsäge . . . . . . „ —·60
        4. Grathsäge . . . . „ —·75
„ 4. Eisen: Stemmeisen, 12 Stück pr. Satz, 4—27 mm Breite „ 2·70
      Hohleisen 6 „ „ 4—27 „ „ 2·40
„ 5. Feilen: Sägefeile . . . . „ —·15
      Holzfeile, flach . . . „ —·25
      „ halbrund . . „ —·25
      Holzraspel, flach . . „ —·25
      „ halbrund . . „ —·25
      Eisenfeile, pr. Stück circa . . . . . „ —·25
„ 6. Bohrer: Handbohrer, 1—6 mm im Durchmesser, circa 7 kr. pr. Stück . . . . „ —·42

Spitzbohrer (Reißnadel)	fl.	–·05
Centrumbohrer, 6 Stück, 4—12 mm .	„ –	–·80
Nr. 7. Bohrwinde, eiserne	„ –	–·85
„ 8. Schraubenzieher .	„ –	–·30
„ 9. Ziehklinge	„ –	–·25
„ 10. Hämmer: Stifthammer .	„ –	–·30
Tischlerhammer, verstählt	„ –	–·50
„ 11. Zangen: Beißzange, 15 cm Länge, poliert	„ –	–·42
Zwickzange 12 „ „ .	„ –	–·75
Flachzange	„ –	–·38
Spitzzange	„ –	–·38
„ 12. Klimpfel (Holzschlägel) .	fl.	–·50
„ 13. Maße: Meter-Maßstab	„ –	–·20
Streichmaß	„ –	–·24
Schrägmaß	„ –	–·35
Winkelmaß (Winkelhaken) 10—20 kr. per Stück		
Gehrungsmaß	„ –	–·30
Stoßlade		
„ 14. Leimpfanne	fl.	–·65
„ 15. Schraubzwingen, à 30 kr., 6 Stück		1·80
„ 16. Schleifsteine, Ruscher (Sandstein), 1 kg 9 kr., circa	„ –	–·50
„ 17. Schraubstock . . . . „		2·—
„ 18. Ölstein . .	„ –	–·40
„ 19. Blechschere	„ –	1·30
„ 20. Löthkolben . . .	„ –	–·50
„ 21. Durchschlag (Körner) .	„ –	–·10

Können in der Werkstätte hergestellt werden.

B. Materialien.

1. Holz: Instrumentladen, circa ½ cm Dicke (Tannenholz), circa 40 kr.
   Hofbankladen. . 1½ „ „ „ „ 35*) „
   Bankladen. „ 2½ „ „ „ „ 80 „
   Ahorn- und Buchenholz, verschieden im Preise.
2. Drahtstiften verschiedener Größe und Stärke.
3. Leim, gewöhnlicher Tischlerleim, per kg 36 kr.
4. Ol zum Schleifen der Werkzeuge und zum Schmieren der Drehbank —
   Baumöl, zum Schleifen des Holzes — Leinöl.

   Anmerkung. Die Preise sind den Preis-Courants Wiener Firmen entnommen.

---

*) Ist viel schmäler als Instrumentladen, deshalb auch nur scheinbar billiger. Die Namen, wie Instrumentladen, Hofbankladen u. s. w., sind in Österreich gang und gäbe. Wo diese term. tech. nicht bekannt sind, dürfte aus den beigesetzten Zahlen die Art der Läden zu entnehmen sein.

Recapitulation der Anschaffungskosten.

An Werkzeugen für sechs Schüler sind erforderlich:
für jeden Schüler:

1 Stück	Hobelbank,	zusammen 6 Stück à fl. 13·		fl.	78·—
1 „	Schlichthobel,	6	„ —·60	„	3·60
1 „	Doppelhobel,	6	„ 1·05	„	6·30
1 „	Rauhbank,	6	„ 1·80	„	10·80
1 „	Säge,	6	„ —·75	„	4·50
1 „	Hammer,	6	„ —·50	„	3·—
1 „	Streichmaß,	6	„ —·24	„	1·44
1 „	Winkelhaken,	6	„ ·15	„	—·90

Ferner für alle gemeinsam:

Sägen (Nr. 4) einfach	fl.	—·75
Eisen (Nr. 4)		5·10
Feilen (Nr. 5)	„	1·40
Bohrer (Nr. 6)	„	1·27
Schraubenzieher (Nr. 14)	„	—·30
Ziehklinge (Nr. 9)	„	—·25
Zangen (Nr. 11)	„	1·77
Leimpfanne (Nr. 14)	„	—·65
Schraubenzwinge (Nr. 15)	„	—·90
Schleifsteine (Nr. 16 und 18)	„	2·—
Schraubstock (2 Stück) (Nr. 17)	„	2·—
Blechschere (Nr. 19)	„	1·30
Löthkolben (Nr. 20)	„	—·50
Summe	fl.	126·73

An Holz, Leim, Stiften, Öl verarbeiten sechs Schüler in einem Monat um circa 2 fl. 80 kr.

2. Lehrgang.

Unser Bestreben, die Arbeiten in der Schulwerkstätte nach Möglichkeit in Verbindung mit dem Schulunterrichte zu bringen, bestimmt uns auch hier bei der Auswahl der herzustellenden Objecte.

Diese Objecte suchen wir so zu wählen, dass sie ein Fortschreiten von einer leichteren zu einer schwereren Handfertigkeit ermöglichen.

Die wichtigsten Handgriffe für den Arbeiter an der Hobelbank sind die Handhabung der Säge und des Hobels. Bei der Erlernung dieser beiden Thätigkeiten ist auch sofort auf die richtige Stellung der Beine und auf eine gute Haltung des Oberkörpers hinzustreben. Beim Sägen wie beim Hobeln steht das rechte Bein nach rückwärts, das linke etwas nach vorwärts, die Spitzen beider Füße sind (vom Körper aus gedacht) nach auswärts gerichtet, der Rumpf wird möglichst aufrecht gehalten; jedes starke Neigen nach vorne ist strenge zu rügen.

Nachdem diese Andeutung über Körperhaltung gegeben ist, hat der Lehrer die Einrichtung der Säge, insbesondere die Gestalt der Zähne, zu erklären, deren kürzere Seiten nach vorwärts, dagegen bei dem Schneiden nach der Faust — d. i. wenn die Säge senkrecht, also parallel mit dem Körper des Arbeiters gehalten wird — nach abwärts gerichtet sein müssen; nur so kann man durch den „Stoß" leicht und rasch arbeiten. Das Schneiden nach dem „Zug", worauf einige Arten amerikanischer Sägen eingerichtet sind, ist mit unseren Sägen äußerst langwierig und beschwerlich. Ferner ist der Schüler auf die Spannung der Säge und die Stellung des Sägenblattes zum Sägenarm durch Drehung des Griffes aufmerksam zu machen. Nicht vergessen werden darf, dass das Sägenblatt stets eine gerade Ebene bilden muss, also nicht an einem Ende mehr nach rechts als am anderen durch den Griff gedreht ist. So vorbereitet, können die Knaben mit der ersten Gruppe der Arbeiten, die sich auf die schmale Leiste bezieht, beginnen.

I. Gruppe. Die schmale Leiste.
(Taf. 12, Fig. 1—6.)

Es werden mehrere Leisten aus einem 30 cm langen, 2 cm dicken Laden geschnitten.

Das Anreißen der Linien geschieht gleich von Anfang her mittels des Streichmaßes, wie auch alle rechtwinkeligen Linien mittels des Winkelhakens angezeichnet werden. Ich halte es für ganz besonders nützlich, dass die Schüler sofort an möglichste Genauigkeit gewöhnt werden.

Eine nicht geringe Schwierigkeit verursacht dem Anfänger das Ansetzen der Säge zum Schnitt. Hiebei heißt es sie aufmerksam machen, dass der Daumen unmittelbar neben dem Strich auf der Stirnseite des Holzes zu legen ist, ferner, dass das Sägenblatt mit jenem Ende, welches bei der Hand liegt, die den Sägenarm hält, angesetzt wird und dieses hierauf in der Richtung zum Körper gezogen wird. Nach dieser Richtung hat der Sägenzahn seine „Lang"seite; es wird daher beim Zug ein regelmäßiges Gleiten erzielt. Beginnt man in entgegengesetzter Richtung, so springt die Säge und es kann dadurch leicht eine Verletzung des Daumens erfolgen. Nachdem der Einsatz gemacht ist, wird der Daumen der linken Hand von dem Holz genommen und diese Hand auf die linke an den Sägenarm gelegt. Das Sägen geschieht nun dadurch, dass die Säge ohne besonderen Druck langsam nach vorne gestoßen und hierauf wieder ganz ohne Druck nach rückwärts gezogen wird. Dabei steht der Arbeiter so, dass sein Auge beobachten kann, wie das Sägenblatt stets parallel zur Hobelbankkante oder zu den Löchern der Bankeisen gleitet. Dieses Beobachten muss zur unbedingten Forderung gemacht werden. Bezüglich des Einspannens des Holzes in die Hobelbank ist noch aufmerksam zu machen, dass das Holz nie zu hoch gestellt werde, weil es sonst federt, wodurch das Sägen sehr erschwert wird.

Dem Sägen folgt das Hobeln. Anfänglich kommt der Schlitthobel zur Verwendung; sofern man aber diese Hobelart nicht in genügender Zahl besitzt, kann auch der Doppelhobel gebraucht werden; nur muss dann bei diesem die Klappe mindestens $^3/_4$ cm von der Schneide nach aufwärts geschraubt werden. Der Hobel darf nicht schräg gehalten werden.

Nachdem eine Seite gehobelt ist, bezeichnet man diese mit einem Kreuz oder einer andern Figur, hierauf werden die anderen Seiten bezüglich der Stärke des Holzes nach dem Streichmaß und bezüglich der rechtwinklichen Stellung der Seitenflächen nach dem Winkelhaken abgerichtet. Die Mühe, welche der Lehrer sich durch diese strenge Forderung der Verwendung von Streichmaß und Winkelhaken anfänglich aufladet, lohnt sich ihm später reichlich.

Die ersten sechs Leisten, welche wir schneiden und hobeln lassen, verwenden wir zu einem Steckholz und einem Blumengitter.

Taf. 12. Fig. 1. Die Spitze des Stabes wird gehobelt; man achte, dass das eingespannte Holz nicht federt, das Abkappen des Kopfstückes geschieht entweder mit der Feile oder mit dem Messer. Bei letzterem Vorgang fordere man strengstens, dass der Schnitt immer in der Richtung von der Hand und dem Körper geschehe, nur so werden Verletzungen bestimmt vermieden.

Fig. 2. Zwei gleiche und drei an den Enden abgekappte Stäbe, durch Nägel verbunden, geben das Blumengitter. Maße: Höhe 15, Breite 30 und 25 cm. — Weitere Übungsstücke dieser Gruppe sind:

Taf. 12. Fig. 3 ein Schutzgitter vor das Fensterbrett, auf das man Blumentöpfe stellt.

Fig. 4 die „Schere". Die Zusammensetzung ist aus der Zeichnung ersichtlich. Fig. 5 ein Blumenkörbchen. Maße: Grundfläche 10 cm im Quadrat, Höhe 15 cm. — Fig. 6 stellt einen aus parallelen Holzleisten, die auf Leinwand geklebt werden, gebildeten Unterleger dar. Wie der Stab das Ausgangsobject dieser Gruppe ist, so soll Fig. 6 nachweisen, wie weit der Schüler genau schneiden und hobeln gelernt hat.

II. Gruppe. Die breite Leiste.
(Taf. 12. Fig. 7—12.)

Die II. Gruppe unserer Übungsstücke hat die breite Leiste als Element. Hiebei kommt außer den genannten Werkzeugen die Rauhbank, die Schweifsäge und der Bohrer zur Verwendung. Praktisch wäre es, zu den nöthigen Leisten ein Stück Holz vom Laden in der ganzen Breite herabzuschneiden, dieses hierauf behobeln und die Leisten aus dem gehobelten Stück zu schneiden. Wir lassen die Leisten zuerst schneiden, dann hobeln, und zwar aus folgendem Grunde: die Laden sind in der Regel auf der einen Seite etwas hohl, dementsprechend auf der andern gewölbt. Soll der Schüler ein Stück Holz von Ladenbreite abhobeln, so muss er das Suchen der höheren Stellen mit dem Hobel verstehen, sonst wird er versucht, das Hobeleisen immer vorzuschlagen, weil er glaubt, das Werkzeug sei nicht richtig gestellt. Bei der Handhabung der Feile achte man darauf, dass sich der Arbeiter daran gewöhne, die Feile in ihrer ganzen Länge durch volles Ausziehen zu verwenden. Bei Fig. 7, 8, 9, 12 wird die Anwendung des Streich- und des Winkelmaßes strengstens gefordert.

Taf. 8, Fig. 3 und Taf. 12, Fig. 7 stellen Schmetterlingspannbretter dar. Die Verwendung des Holzes nach dem Längen-, eventuell nach dem Querschnitte ist aus der Zeichnung ersichtlich. Der Querschnitt ist schraffiert. Taf. 8, Fig. 3 zeigt den Schmetterlingspanner aus drei auf einander gelegten Leisten. Die Leisten werden geleimt und genagelt, doch werden die Stiften, nachdem der Leim getrocknet ist, wieder herausgezogen, hierauf die beiden Enden mit einer Federsäge beschnitten und die obere Fläche ganz gleichmäßig gehobelt. Maße: Länge 30, Breite jeder oberen Leiste 10 cm, der Abstand der oberen Leisten von dem Grundbrett 1 cm. In diese Zwischenräume kommt Filzpappendeckel oder es wird ein Korkstreifen am unteren Theil der Nuth angeleimt. Zweck der Hohlräume ist, dass alle Schmetterlinge gleich hoch von der Bodenfläche aufgesteckt werden können.

Fig. 8 auf Taf. 12 ist ein Gestell zum Auflegen der Federstiele. Maße: Länge 20 cm, Breite 8 cm. Holzart: Linden- oder Erlenholz.

Fig. 9 ein Untersatz für Blumengefäße. Maße: Länge 35 cm, Breite der einzelnen Leisten 4 cm, die ganze Breite 20 cm. Holzart: $1^1/_2$ cm starkes Tannenholz. Die Füße sind ähnlich den Querrücken von Fig. 8.

Fig. 10 und 11. Ballschläger. Maße von Fig. 8. Länge 35 cm, Breite des vorderen Endes 12 cm. 1 cm dickes Tannenholz.

Fig. 11. Der Reifen besteht aus $1/_2$—$3/_4$ cm dickem Buchenholz. Dieses wird auf etwa $1^1/_2$ Stunde ins Wasser gelegt und dann gebogen und die Enden an den Stiel mit Schrauben befestigt. Nachdem das Holz trocken ist, werden die Löcher gebohrt und das Netz gezogen.

Fig. 12. Lineal. Stoff: Buchenholz. — Länge 20 cm, Breite 6 cm, Stärke 3 mm. Dieses Object soll den Prüfstein abgeben, ob der Schüler mit der Raubbank eine gewisse Fertigkeit erlangt hat.

III. Gruppe. Das Hobeln breiter Flächen.
(Taf. 12. Fig. 13—25.)

Werkzeuge: dieselben und Ziehklinge.

Die entsprechend langen Stücke werden in ganzer Ladenbreite gehobelt. Hiebei kommt das schon besprochene Suchen nach den Unebenheiten in Anwendung. Der Schüler wird aufmerksam gemacht, den Schlicht-, eventuell Schropphobel, mit dem er zuerst arbeitet, mit der Kante quer über das Holz zu legen, dass er die hervorragenden Stellen besser ersehen kann. Die Stellen werden vorerst, dann das Ganze gehobelt.

Fig. 13. Bretter für eine Pflanzenpresse. Tannenholz. Länge 30, Breite 20 cm. Das Glätten der Stirnseiten geschieht mitels des Hobels. Hiebei ist zu achten, dass das Hobeln nie über die ganze Kante in einer Richtung geschehen darf, sonst splittert das Holz. Der Hobel muss auch nach der der ersten entgegengesetzten Richtung geführt werden. Die zwei Bretter sollen, wenn sie aneinander gelegt werden, möglichst passen.

Fig. 14 ein Büchergestell.

Fig. 15 eine Schrotwage. Man achte auf die Wahl des Holzes. Das Bestoßen der schrägen Seiten geschieht in der Richtung, welche der Pfeil bei der Figur bezeichnet.

Allgemeine Regel: Schräge Kanten des Querschnittes werden so bestoßen: man denke sich die Längenfaser durch eine rechtwinklig darauf gezogene Linie geschnitten; der Hobel wird von den kürzeren Fasern zu den längeren gezogen. Holz: 2 cm starkes Tannenholz. Grundlinie 34 cm, Höhe 18 cm.

Fig. 16 eine Malerpalette. Holz: Nussbaum oder Ahorn. Form und Größe nach Bedarf.

Fig. 17, Taf. 8. Fig. 4 und 5. Figuren zur Bestimmung des Schwerpunktes. Holz: Buchen, Linden. Stärke 4 mm. Die Häkchen können vom Schüler aus Draht hergestellt werden. Die Befestigung zeigen die Fig. 4 und 5 auf Taf. 8.

Fig. 18 ein Schlüsselbrett. Holz: 1 cm starkes Tannenholz. Länge: 25. Breite 20 cm, innerer Rahmen 19 : 14, dieser ist aus halbrunden Stäben gebildet.

Fig. 19 Obstpflücker. 2 cm starkes Tannenholz, die Nägel aus Buchenholz. Diese werden etwas konisch mit dem Messer zugeschnitten und von der unteren Seite durch das gebohrte Loch geschlagen. In den Zwischenraum a wird bei der Verwendung zum Obstpflücken ein längerer Stock gesteckt und mit zwei Stiften bei b und c befestigt.

Fig. 20 und 21. Zwei Vogelhäuschen. Man achte auf die Auswahl des Längen- und des Querschnittes des Holzes, besonders auf die Befestigung des Bodens. Bei Fig. 21 ist ein Stück Holz angedeutet, das im Innern unterhalb des Flugloches angenagelt ist und den Zweck hat, die Vögel vor den eingreifenden Katzen zu schützen. Der Stab soll durch das Innere bis zur Rückwand gehen. Maße der Häuschen für kleinere Singvögel: Länge 13, Tiefe 13, Höhe 25 cm.

Fig. 22 ein Kästchen mit Deckel. Die Verwendung des Holzes ist angedeutet. 1 cm Tannenholz. Maße: beliebig.

Fig. 23 oder Taf. 8. Fig. 6. Sonnenuhr. 3 mm starkes Lindenholz, die Querleisten gut anleimen. Die Eintheilung kann nur nach der Beobachtung gemacht werden.

Fig. 24. Darstellung des Tagebogens am 21. März und 23. September; am 21. December und am 21. Juni. 1 cm starkes Tannenholz. Durchmesser 20 cm.

Fig. 25 ein Sonnenstandmesser. Die Grundlage ähnlich der Fig. 8. Die Figur der Gabel ist aus den Detailzeichnungen a und b ersichtlich. Bei der Zusammenstellung beachte man, dass der Mittelpunkt des Transporteurs genau in den Drehungspunkt der Gabel fallen muss. Die Gabel wird an der offenen Seite mit einem Blechstück geschlossen, dieses hat in der Mitte eine Öffnung. Beim Gebrauch des Sonnenstandmessers wird derselbe vorerst auf eine horizontale Fläche gestellt, dann die Gabel mit ihrer Öffnung im Bleche der Sonne so zugekehrt, dass ein Sonnenstrahl durch diese genau in den Punkt d fällt. Dieser Punkt, die Öffnung im Blechstück und der Umdrehungspunkt bilden eine gerade Linie; aus ihrer Stellung kann man vom Transporteur den Höhenstand der Sonne ablesen. Holz: Alle Theile aus 3—4 mm starkem Lindenholz. Maße: Länge 20 cm, Breite 10 cm.

IV. Gruppe. Die einfache Überplattung.
(Taf. 12, Fig. 26—32.)

Werkzeuge: dieselben und Stemmeisen.

Das Holz muss nach der Dicke und der Breite sehr genau — nach dem Streichmaß — ausgearbeitet werden. Das Anreißen der Querlinien geschieht am vortheilhaftesten mit dem Spitzbohrer (Reißnadel). Die Dicken der überplatten Theile verhalten sich in der Regel wie 1 : 1.

Fig. 26. Taf. 12 (Übungsstück). Siehe früher die Detailzeichnungen Taf. 8. Fig. 9. 10. 14. Fig. 10, der Schnitt nach abwärts erfolgt ganz genau nach dem Strich, aber innerhalb des wegzunehmenden Theiles. Sind die zu überplattenden Stücke breit, so wird zwischen den beiden Schnitten noch ein Schnitt nach abwärts in derselben Richtung geführt, dann fallen die Stücke beim Stemmen leichter heraus. Das Herausnehmen geschieht nur durch Stemmen, die Feile soll nicht in Anwendung kommen.

Taf. 12. Fig. 27. Schwerpunktfigur — kann auch zu einem Hutbälter umgewandelt werden.

Fig. 28. Elektrisches Pendel.

Fig. 29 eine Staffelei. Linden- oder Erlenholz, 4 mm stark. Maße: 25 cm hoch, unten 12, oben 6 cm breit. Die Stütze wird wie die Gabel von Fig. 25, aber ohne Einschnitt gemacht.

Fig. 30 ein Rahmen. Lindenholz, 1 cm stark. Maße: nach Bedarf. Beim Anreißen der Überplattungen werden die gleich langen Stücke neben einander gelegt und gemeinsam bezeichnet, sonst erhält man leicht ein verschobenes Rechteck.

Fig. 31 ein Stallriegel. Die Bügel a und b. sowie der Riegel werden aus hartem Holz (Buchenholz) hergestellt. Die Bügel können auch von unten aufgeschraubt werden. Maße: nach Bedarf.

Taf. 12, Fig. 32 oder Fig. 13, Taf. 8 eine Reißschiene. — Die Schiene wird in das Kopfstück eingelassen. — Buchenholz. Maße: nach Bedarf.

V. Gruppe. Der Zapfen.
(Taf. 13, Fig. 33—34 und Taf. 9, Fig. 16, 19, 20, 21, 22, 23, 24.)

Werkzeuge: wie früher.

Zapfen und Zapfenloch müssen mit dem Streichmaß genau angezeichnet werden. Geht der Zapfen durch die ganze Stärke des Holzes, so wird auf beiden Seiten angerissen und auch gestemmt. Die Seiten, von welchen angerissen wird, werden mit einem Zeichen versehen. Der einzelne Zapfen ist $^1/_3$ der Holzstärke. Beim Stemmen wird in der Mitte angefangen und dann das Holz nach vor- und rückwärts ausgehoben, das Eisen wird stets quer, nie parallel zu den Längsfasern angesetzt, also in der Richtung von $a — b$, Fig. 19 b, Taf. 9; nie wird das Zapfenloch von einer Seite ganz durchgestemmt, sondern von jeder Seite nur zur Hälfte.

Taf. 13, Fig. 33 und Taf. 9, Fig. 19 (Übungsstücke).

Taf. 13, Fig. 34 und Taf. 9, Fig. 20 eine Schrotwage nach norddeutscher Art. Buchenholz. Länge 20 cm, Höhe 20 cm, Dicke 3 cm.

Taf. 13, Fig. 35. Segner'sches Wasserrad.

Die Grundlage wie der Rahmen Taf. 12, Fig. 30. Die beiden Ständer sind eingezapft; die obere Querleiste gleichfalls. Taf. 9, Fig. 31 zeigt eine einfachere Zusammenstellung. Hier ist die Herrichtung des eigentlichen Apparates ersichtlich. a ist ein Glascylinder (Lampencylinder), in diesem wird bei b ein Kork eingezapft und in diesen die Glasröhren c, c, c, c und die Achse e gesteckt. Die Befestigung der Achse am oberen Ende zeigt Fig. 31 d. Unter die aufstehende Spitze der Achse legt man ein Metallstückchen, durch welches die Reibung vermindert wird. Am oberen Ende der Achse kann man eine Schnur befestigen, diese über eine Rolle laufen lassen und so zeigen, wie durch das Segner-Rad eine Last gehoben werden kann.

Beim Gebrauch stellt man den ganzen Apparat über ein Blechgefäß, in welchem sich das abfließende Wasser sammelt.

Taf. 13, Fig. 36 eine Schiffslampe. Das Grundgestell wie bei Fig. 35. Die beiden Stützen werden eingestemmt, der Ring wird aus hartem Holz (Nussbaum, Ahorn) mittels der Laubsäge geschnitten. Das Stück a muss schwer sein, dass der Schwerpunkt möglichst tief zu liegen kommt.

Fig. 37. Die Winde. Diese ist im Aufbau mit der vorhergehenden Figur fast ganz gleich. Fig. 26 auf Taf. 10 zeigt denselben Apparat in anderer Darstellung. Maße: Länge 25, Breite 25, Höhe 15 cm.

Fig. 38 ein Gestell für Rollen- und Flaschenzug. Mit dem Gestell der Fig. 35 gleich. Maße: Länge und Breite je 40, Höhe 50 cm.

Fig. 39 ein Hebelgestell. Das Grundgestell mit dem von Fig. 27, Taf. 12 gleich.

Fig. 40 ein Springbrunnen. Taf. 9, Fig. 22 in größerem Maßstab.

Fig. 41 die Aufzugmaschine. Das Grundgestell wie bei Fig. 35 und 38. Dazu kommen die Stützen a, b, c, c, c, c und die Winde. Maße: Länge 25, Breite 25, Höhe 23, die einzelnen „Balken" $3 : 2$ cm.

Fig. 42 Telegraph. Fig. 43 Taster. Maße für den Schreibapparat: Grundfläche $20 : 10$ cm, die Höhe des Lagers, dass auch oberhalb der Figur größer gezeichnet ist, richtet sich nach der Größe des Magnetes.

Fig. 44. Apparat zur Veranschaulichung der ungleichen Ausdehnung verschiedener Metalle. Die Seitentheile a und b sind eingezapft. Jeder Zeiger ist bei dem Drehungspunkt rechtwinklig gebogen; an diesen Theil stößt die Metallstange an.

VI. Gruppe. Zapfen und Schlitz.
(Taf. 13, Fig. 45—54.)

Zapfen und Schlitz werden mit dem Streichmaß angerissen. Der Schnitt beim Zapfen muss außerhalb, beim Schlitz innerhalb des Striches geführt werden.

Fig. 45 der einfache Schlitz. Taf. 9, Fig. 25 a und b zeigt dieselbe Verbindung in größerem Maßstab.

Fig. 46 diese Eckverbindung auf Gehrung.

Fig. 47 ein Winkel als Stütze zu einem Mauerbrett.

Fig. 48. Winkelmaß. Der Schenkel a muss vor dem andern Schenkel vorstehen, dass man ihn abrichten, d. h. richtig in Winkel hobeln kann. Holz: Weißbuchen, Ahorn.

Fig. 49. Gehrungsmaß. a muss auf beiden Seiten des Handgriffes vorstehen, und zwar aus demselben Grund wie beim Winkelmaß. — Holz: Weißbuchen, Ahorn.

Fig. 50 ein Notenpult, im größeren Maßstab Taf. 9, Fig. 27. Die Ecken sind auf Zapfen und Schlitz zusammengefügt, die mittlere Leiste ist eingezapft. Holz: 1 cm starkes Linden- oder Erlenholz oder $1^{1}/_{4}$ cm starkes Tannenholz. Größe: $40 : 30$, die einzelnen Leisten 5 cm breit.

Fig. 51. Froschhaus oder Raupenkasten. Die vier Wände sind Rahmen, drei davon werden aneinander geleimt und hierauf der Boden und der Deckel aufgeleimt und aufgenagelt. Der vierte Rahmen wird mit Charnieren befestigt und als Thür gebraucht. Holz: Linden- oder Tannenholz. Größe: Höhe 35 cm, Länge 25 cm, Breite oder Tiefe 15 cm.

Fig. 52. Die Hemmung einer Uhr. Das Gestell wird aus Tannenholz hergestellt. Größen: Höhe 45, Breite 10, Länge 15 cm. Rad und Anker müssen aus sehr hartem, Weißbuchen-, Ahorn-, Nussbaumholz geschnitten werden. Am besten thut man, wenn man 2 etwa 3 mm starke Brettchen so übereinanderleimt, dass die Längenfasern des einen rechtwinkelig über die Querfasern des andern zu liegen kommen. Die Construction ist aus den Einzelnzeichnungen *a* und *b* ersichtlich. Es empfiehlt sich, das Rad einhalbmal größer zu machen.

Fig. 53 ein Streichmaß, Roth-, besser Weißbuchenholz. Die Löcher werden vorerst mit dem Centrumbohrer gebohrt, dann viereckig gestochen.

Fig. 54 ein Rahmen mit Zierleiste. Derselbe kann als Prüfungsstück über diese Gruppe dienen.

VII. Gruppe. Die Verbindungen bei Kästchen.
(Taf. 13 und 14, Fig. 55—65.)

Fig. 55 ein Übungsstück. Nur ein Seitentheil wird abgesetzt, das andere wird stumpf darangeleimt und genagelt.

Fig. 56 ein Kasten. Derselbe wird vollständig mit Boden und Deckel hergestellt, so dass er als ein geschlossenes Prisma erscheint; dann wird erst der Deckel mit etwa $^1/_4$ der Höhe der Seitenwände abgeschnitten; die Schnittflächen sind mit der Rauhbank zu bestoßen und schließlich kommen Charniere daran. Ein gleicher Kasten ohne Deckel ist Taf. 9, Fig. 15 abgebildet. Für ersten Kasten empfiehlt sich 1 cm starkes Holz. Länge 25, Breite 20, Höhe 10 cm.

Fig. 57. Die Seitenverbindung auf Nuth und Feder (ein Übungsstück).

Fig. 58 ein Gestell für Probierröhrchen.

Fig. 59. Die offenen Zinken, siehe dieselben in größerem Maßstab auf Taf. 10, Fig. 29 und 30 *a* und *b*. — *a* stellt die Zinke, *b* die Zinkenmutter dar. *a* wird stets zuerst geschnitten. Die Eintheilung geschieht immer so: vorerst werden die beiden Eckzinken gezeichnet, der übrige Theil wird nach Bedarf in mehrere Zinken getheilt. Die Zahl hängt von der zu erzielenden Festigkeit ab. Je mehr Zinken, desto enger der Verschluss. Im weichen Holz dürfen die Zinken nur wenig schief, konisch, zulaufen, weil das Holz sonst leicht splittert. Das Herausschlagen der wegfallenden Theile geschieht von beiden Seiten, das Stemmeisen wird dabei ein wenig schief nach innen gehalten.

Fig. 60. Die verdeckten Zinken. *a* wird zuerst hergestellt. Die Zinken werden nur etwa $^2/_3$ der Holzstärke, mit demselben Streichmaß werden auch die Zinkenmuttern angerissen. Nach der Tiefe wird aber die ganze Holzdicke genommen. Die Zinken bei *a* werden soweit als möglich mit der Säge eingeschnitten, bej Holz mit parallellaufenden Fasern können sie auch mit der Ziehklinge, auf die man mit einem Holzschlägel haut, hergestellt werden.

Fig. 61 ein Bienenstock. Holz: $1^1/_2$ cm dickes Tannenholz. Maße: 20, 12, 14 cm. Die Seitenwände sind durch Zinken verbunden; innen werden vier Grate eingeschnitten, in welchen die Wabenrähmchen (Fig. 61 a) hängen; zum Zwecke der Zusammenschiebung. Verkleinerung des Wabenbaues, wird ein Glasrahmen eingepasst. Zum Abschluss dient ein voller Deckel aus $1^1/_2$ cm starkem Holz, der vortheilhaft mit einem Falz versehen wird. An der Vorderwand wird das Flugloch entweder in der Mitte oder unten eingeschnitten.

Fig. 62 eine Camera obscura. Holz: 4 mm starkes Erlen- oder Lindenholz. Maße: 20 cm Seitenlänge, die Construction ist aus der Zeichnung ersichtlich.

Fig. 63 eine Schatulle mit verdeckten Zinken in der vorderen Seite. Taf. 11, Fig. 32 zeigt eine solche mit offenen Zinken. Der Kasten wird so hergestellt, wie dies bei Fig. 56 beschrieben. Die Zinke, durch welche der Schnitt geführt wird, muss verhältnismäßig groß sein, dass ein Theil für den Deckel, der andere für den unteren Theil der Schatulle stehen bleibt.

Fig. 64. Die Anfassleiste. Werkzeug: dieselben und Nuthhobel, Simshobel. Die Feder an b wird mit der Säge geschnitten, ist sie zu stark, so wird mit dem Simshobel nachgeholfen. Taf. 11, Fig. 40 zeigt die Verwertung der Anfassleiste beim Reißbrett.

Fig. 65 ein Schreibpult. Holz: Linden-, Erlen- oder Tannenholz. Die Anfassleisten aus Buchenholz. Maße: Länge 50, Breite 40 cm. Der Kasten wird nach vorne „verdeckt", nach rückwärts offen gezinkt; der Deckel erhält Anfassleisten. Die Charniere werden in das Holz eingelassen.

VIII Gruppe. Die wichtigsten Holzverbindungen, die vorwiegend der Zimmermann verwertet.

(Taf. 11, Fig. 33—39 und Taf. 14, Fig. 73—76.)

Holz: 6 cm starkes Staffelholz.

Taf. 11, Fig. 33 die doppelte gerade Überplattung, Fig. 34 die einfache schiefe Überplattung, Fig. 35 die doppelte schiefe Überplattung. Fig. 36 bis 39 verschiedene Schwalbenschwanzverbindungen. Die Maße stehen in den Zeichnungen.

Taf. 14, Fig. 73 ein Dachstuhl. Holz, wenn er in größerem Maßstab, die Sparren etwa 50 cm bei $2^1/_2$ cm Stärke, hergestellt wird, kann Tannenholz genommen, sonst nehme man Linden- oder Buchenholz. Man beachte die Zapfen bei a; bei b ist Schlitz und Zapfen anzuwenden.

Fig. 74 ein oberschlächtiges Wasserrad. Der Aufbau des Gestelles ist aus der Zeichnung ersichtlich. Die Seitentheile des Rades werden überplattet, die Überplattungen geleimt (hat nur den Zweck, die Holztheile vorerst zusammenzuhalten), dann mit Schrauben versehen (a, a',

a'', a'''), die innere Wand wird aus Stücken eines Federladens hergestellt und mit Stiften befestigt; vorher werden schmale Leisten an den Innenseiten des Rades eingenagelt; zwischen diesen stecken die Schaufeln (Federladen). Die Welle (Achse) mit den Speichen wird fertiggestellt und dann eingeschoben. Holz: Tannenholz. Maße des Gestelles 40, 20, 35 cm; Raddurchmesser 25 cm.

Fig. 75 ein Sextan. Die Grundfläche lasse man 20 cm im Durchmesser machen; auf dieselbe wird eine Winkeltheilung gezeichnet, oder man nehme zwei Transporteure und vereine sie zu einem Kreis. Der auf dieser Platte senkrecht aufgestellte Doppelwinkel muss in der Mitte mit einer Schraube ziemlich stramm befestigt werden, so dass er sich nicht zu leicht drehen lässt. Die oben durchgelegte Welle hat an dem rechten Ende einen Zeiger, der über der festen, senkrecht stehenden Scheibe, die gleichfalls eine Gradeintheilung hat, sich bewegt; am andern Ende befindet sich die Fixierstange. An dieser Stange sind zwei Ösen angebracht, durch welche man zu schauen hat, um einen Punkt zu fixieren. Dieses Fixieren geschieht dadurch, dass man die Stange zugleich nach auf- oder abwärts (mittels Drehung der Welle) und nach rechts oder links (mit Drehung des Doppelwinkels) bewegt. Hierauf kann man von der horizontalen Scheibe durch den Zeiger die Länge und durch den Zeiger auf den verticalen Scheiben die Höhe ablesen; will man die Lage eines anderen Punktes im Vergleich zu dem ersteren bestimmen, so bleibt der Apparat mit seiner Grundfläche ruhig stehen, und man sucht durch die doppelte Drehung der Fixierstange den zweiten Punkt. Mit diesem Apparat kann man die Stellung zweier Sterne zu einander bestimmen. — Die Holztheile lasse man alle aus Buchenholz anfertigen.

Fig. 76 eine Decimalwage. Material: Tannenholz, $1^{1}/_{2}$ cm stark. Maße: Länge der Grundlage 25, Breite 15 und 12, Höhe des senkrechten Balkens 20 cm. Letzterer wird mit der Grundlage durch Zinken befestigt.

Besondere Bemerkungen über einige Nebenarbeiten.

1. Das Löthen. Hiezu ist Löthwasser nöthig: dies erzeugt man aus rother Salzsäure, in die man bis zur Sättigung Zinkabfälle gibt, und welcher Lösung man Salmiak in dem Verhältnis von 5:1, d. h. 5 Theile Salzsäure und 1 Theil Salmiak gibt.

Die zu löthenden Metallstücke werden an den Löthstellen metallisch rein gemacht, mit Löthwasser bestrichen und etwas dünngehämmertes Zinn dazwischen gelegt. Die Theile werden dann mit einer Zange zusammengehalten und über eine Flamme bis zum Schmelzen des Zinnes erhitzt. Nach dem Erkalten haften die Theile fest aneinander. Die vorstehenden Zinntheile können mit einer Feile weggenommen werden, worauf die Löthstellen mit Fett bestrichen und dann geputzt werden.

2. Das Durchlöchern von Blech. Man legt dieses auf Hirnholz und schlägt mit dem Körner (Durchschlag) das Loch.

Stahlstücke, Uhrfedern müssen vorerst ausgeglüht werden, denn sonst springen sie. Als Unterlage benützt man Blei. Nach dem Lochen können sie wieder gehärtet werden, indem man dieselben bis zur Weißglühhitze erwärmt und dann rasch abkühlt.

Messing wird durch rasches Abkühlen weicher.

3. Gießen von Objecten aus Zinn, Zink oder Blei. 1. Mit Hilfe des Modells wird eine negative Form in Thon oder in Gips hergestellt. 2. Diese negative Form wird an der Sonne oder durch Ofenwärme getrocknet. — Ist die Blindform feucht, so spritzt das Metall aus der Form und kann leicht Schaden anrichten. 3. Das Zinn, Zink oder Blei wird in einem eisernen Gefäß, Löffel, geschmolzen und in die Blindform langsam gegossen (dass die Luft entweichen kann).

4. Die Behandlung des Glases.

a) Glasröhren von mäßiger Stärke werden gebogen, indem man die betreffende Stelle über einer offenen Spiritus- oder Gasflamme unter beständigem Drehen der Glasröhren erwärmt und successive nach der verlangten Richtung einen mäßigen Druck ausübt. Soll die Biegung in Bogenform erfolgen, so muss die Glasröhre auch der Länge nach bewegt werden, dass eine größere Fläche erwärmt wird.

b) Spitzen erzeugt man an Glasröhren, indem man dieselben etwas vom Ende erhitzt (hierbei geht meist ein Stück Rohr verloren) und dann die beiden Theile auseinanderzieht.

c) Das Abschneiden von Glasröhren geschieht so: man ritzt die Bruchfläche mit einer Feile — bei dünnen Glasröhren nur an einer Stelle, bei stärkeren ganz in der Rundung — schlägt dann die Röhre in ein Tuch ein und bricht sie, indem man die Daumen möglichst nahe der Bruchfläche hält. Die unebenen Bruchflächen werden am Schleifstein geebnet. Das Einschlagen in ein Tuch geschieht, damit eine Beschädigung durch abspringende Splitter vermieden wird.

d) Das Sprengen des Glases mittelst Sprengkohle. Diese bereitet man nach Prof. Weyde in folgender Weise: 1 g Fichtenharz wird mit 2 g Weingeist in einer Reibschale angerieben, sodann 6 g Wasser und 6 g fein zerriebener arabischer Gummi zugesetzt, alles gut verrieben und endlich soviel feingepulverte Holzkohle oder Kienruß (10 g) beigemengt, dass eine teigartige Masse entsteht. Aus dieser Masse werden mit den Händen federkieldicke und gegen 1 dm lange Cylinder geformt, welche getrocknet werden. Hat man eine Glastafel oder einen Cylinder mit einem Sprung, so setzt man glühende Sprengkohle an diese Stelle, bläst auf die Sprengkohle mäßig darauf, indem man sie langsam in der gewünschten Richtung fortführt. Der Sprung erweitert sich ziemlich rasch und regelmäßig. Hat das Glas keinen Sprung, so ritzt man dieses an einer Stelle mit einer Sägefeile sehr stark ein, dann kann man von dieser Stelle aus mit der Sprengkohle arbeiten. Ein anderer Vorgang, um Glascylinder, z. B. Lampencylinder, abzuschneiden, besteht darin: Man feilt an der Stelle, wo der Cylinder abgeschnitten werden soll, ein wenig ein, wickelt dann einen nicht starken Spagat (Schnur) um die Stelle und beginnt, die beiden Enden der Schnur haltend, diese rasch um den Cylinder zu reiben; dadurch entwickelt sich Wärme. Gibt man hierauf auf die geritzte Stelle einige Tropfen Wasser, so springt das Glas ziemlich regelmäßig in der Runde. Reicht der Sprung nicht über den ganzen Umfang, so wiederholt man den Vorgang.

5. Die Bearbeitung des Korkstöpsels. Das Schneiden von Kork kann nur mit sehr scharfen Instrumenten zufriedenstellend ausfallen. Die vollständige Abrundung bei Stöpseln macht man mit der Feile oder durch Drücken mit der Hand. In der Regel empfiehlt es sich, die Stöpsel konisch zu schneiden. Löcher erzeugt man mittelst eines glühenden Drahtes oder einer Glasröhre. Die Löcher werden vergrößert mit einer runden Feile (Rattenschwanz). Die Korkarbeiten erfordern eine große Genauigkeit.

III. Die Dreharbeiten.

Die Drechslerei üben wir nur als Ergänzung zu den Arbeiten an der Hobelbank, dem entsprechend brauchen wir auch nur wenig Werkzeuge.

1. Hilfsmittel.

A. Werkzeuge.

Drehbank . . . . fl. 28·—

Drehstähle:

Drehmeißel, ⁵⁄₈ engl. Zoll breit	„ —·10
„ 1¹⁄₈ „ „	„ —·65
Drehröhren, ½ „ „	„ —·45
„ 1 „ „	„ —·78
Flachstahl, ⁵⁄₁₆	„ —·36
Spitzstahl, ⁶⁄₁₆	„ —·36
Stichstahl	„ —·50
Ausdrehstahl, ³⁄₁₆ engl. Zoll breit	„ —·46
Schraubenstahl zu Drehbankfutter	„ 1·25
Löffelbohrer, 6 Stück, verschiedenen Durchmessers	„ 1·20

Zirkel:

Spitzzirkel	fl. ·30
Greifzirkel (Kugelzirkel)	„ —·50
Hacke (Beil)	·70
Summa	fl. 35·51

B. Material.

Roth- und Weißbuchenholz, entweder Scheiterholz oder Latten.

Bezüglich des Verbrauches an Holz lässt sich — weil die Dreherein ja Ergänzungsarbeiten sind — auch nicht annähernd der Kostenpunkt bestimmen.

2. Lehrgang.

Taf. 15, Fig. 1—6 geben den eigentlichen Lehrgang. Aus diesen Formen lassen sich die nöthigen Ergänzungsobjecte zusammensetzen.

Wir haben auf dieser Tafel angeführt:

Fig. 7 einen Fuß,
- „ 8 einen Knopf,
- „ 9 ein Heft,
- „ 10 eine Rolle,
- „ 11 ein Stativ,
- „ 12 einen Ring (zu einer Schiffslampe).
- „ 13 einen Holzhammer,
- „ 14 einen Stab (Retortenhalter),
- „ 15 ein Tischchen,
- „ 16 ein Stativ (complicierter),
- „ 17 einen Klimpfel,
- „ 18 einen Leuchter.

An die Drehbank lassen wir nur starke Jungen, da die doppelte Thätigkeit mit Händen und Füßen bedeutende Kraft erfordert. In Schulwerkstätten, in welchen gedrechselt wird, soll sich der Lehrer stets zur Aufgabe machen, die Drehbank in vorzüglichem Zustand zu halten, denn mit einer Verschiebung eines Lagers oder durch die Unterlassung des Ölens wächst auch der Widerstand, welcher mit den Füßen überwunden werden muss.

Ferner achte man darauf, dass die Dimensionen der Drehbank (so weit dies möglich ist) der Größe des Schülers entsprechen; so lasse man einem kleinen Knaben neben das Trittbrett einen oder mehrere Läden legen, auf welchen er mit dem ruhenden Fuß steht. Die Verbindungsstange zwischen Trittbrett und Schwungrad muss gleichfalls entsprechend lang sein, so dass der bewegende Fuß stets auf dem Trittbrett steht. Man kann zu diesem Zwecke mehrere solche Verbindungsstangen verschiedener Länge leicht machen.

Taf. 15. Fig. A zeigt, wie mit der Hacke die Kanten abgenommen werden. Die Figuren B, C, D zeigen, wie die Objecte eingespannt werden müssen.

Fig. B zeigt, wie das Holz eingespannt wird, wenn an demselben an einem Ende keine besondere Façon zu drehen ist (Fig. 1 bis inclusive 6).

Fig. C a ist eine Hülse (Futter); in die angedeutete Höhlung wird das zu bearbeitende Holz hineingeschlagen, und zwar so, dass es dann möglichst regelmäßig in der Drehbank läuft. Bei diesem Einspannen kann an dem einen Ende eine Façon gedreht werden. (Fig. 7, 8, 9.)

Fig. D. Das Holz wird mit einer Schraube an das Futter angeschraubt. Die Art, wie dies geschieht, ist aus der Zeichnung ersichtlich. (Fig. 10, 11, 12, 16.)

Darf das Holz im Mittelpunkt ein Loch nicht haben, so muss es auf ein Futter mit Siegellack angeklebt werden.

Bezüglich der Herstellung der einzelnen Objecte können wir nur Andeutungen über das Einspannen und die Auswahl der entsprechenden Werkzeuge geben. Dies halten wir aber für nöthig, da es bei vielen Schülern lange Zeit braucht, bis sie nach diesen beiden Richtungen ein praktisches Geschick in der Auswahl an den Tag legen.

Als Material dient Buchen- und Ahornholz.

Fig. 1—6 werden, wie B (Taf. 15) zeigt, im Zwirl (a) und dem Reitstock (b) eingespannt. Es kommen die Drehröhre und der Drehmeißel in Anwendung. Nachdem die Arbeit mit den Stählen vollendet erscheint, wird sie mit Glaspapier geglättet.

Fig. 7, 8, 9 können in derselben Weise hergestellt werden und müssen dann mit dem Drehmeißel abgestochen werden — oder man spannt sie in ein Einschlagfutter a bei C (Taf. 15). Das Loch im Heft wird mit dem Löffelbohrer erzeugt.

Fig. 10 kann entweder auf dem Einschlagfutter B erzeugt oder auf das Futter a bei D (Taf. 15) angeschraubt werden; die Nuth wird mittels des Stichstahls erzeugt.

Fig. 11. Es kommt das Schraubenfutter a bei D in Anwendung. Der Viertelstab wird mit dem Schlichtstahl erzeugt.

Fig. 12. Ring. Man erzeugt:
1. mit dem Ausdrehstahl die Höhlung;
2. man sticht den Ring ab und steckt ihn
3. auf einen Futterstecken (siehe b bei C, Taf. 12) und
4. dreht jetzt den Umfang des äußeren Kreises.
5. Nach Vollendung mit den Drehstählen wird der Ring auf der Drehbank mit Glas-(Sand-)Papier geglättet.

Der Vorgang bei den übrigen Objecten erklärt sich aus dem Gesagten; so gilt von Fig. 13 das, was bei Fig. 7 gesagt wurde. Fig. 14

entspricht Fig. 3. Fig. 15 ist eine Zusammenstellung von Fig. 6, 9, 11. Fig. 16 entspricht Fig. 11 u. s. w.

In Fig. 18 habe ich ein Object angeführt, an dem der Schüler die Fertigkeit in den verschiedenen Handgriffen zeigen kann.

IV. Das Holzschnitzen in Verbindung mit Tischlerarbeiten.

1. Hilfsmittel.

A. Werkzeuge.

1. Eisen. 1. Flacheisen; von diesen unterscheidet man im Handel mehrere Sorten verschiedener Provenienz. Die wichtigsten sind:

Die deutschen, die steirischen, die englischen mit dem Zeichen „Ward" und jene mit dem Zeichen „Addis".

Die deutschen Sorten sind die billigsten, die Addis-Eisen die theuersten, aber auch die besten; ihnen kommen in der Qualität gleich die steirischen Eisen. Ein Satz Addis-Eisen, bestehend aus 12 Stück verschiedener Breite, kostet fl. 4·24.

Flacheisen mit schief geschliffener Schneide heißen Balleisen; von diesen kostet ein Stück 28 bis 43 kr.

2. Hohleisen; von diesen gilt bezüglich ihrer Provenienz dasselbe.

Man unterscheidet Eisen verschiedener Hohlung und Breite; die sehr mäßig gehohlt, heißen Flachhohleisen.

Die Hohleisen sammt Heft stehen im Preise zwischen 33 kr. und 50 kr.; ganz breite kommen bis 1 fl., doch verwenden wir diese nicht.

3. Geißfuß. Die Schneide bildet einen Winkel. Das Stück kostet circa 50 kr.

Die Eisen müssen nach der Arbeit in ein Gestell oder einen Werkzeugkasten gesteckt werden, dass sie mit den Schneiden nicht aufeinander gestoßen werden.

II. Französischer Schlüssel. (Taf. 17, Fig. 11.) Preis 60 kr.

Die Länge von a bis b beträgt 20 cm;

von a bis c ist der Schlüssel vierkantig;

von b bis c mit einem Schraubengewinde versehen;

d ist die Mutter;

e in d ist eine vierkantige Öffnung, in die der Schlüssel bei a hineinpasst.

Der Schlüssel wird so verwendet:

In das zu bearbeitende Holz, oder, wenn dieses zu dünn ist, in ein starkes Holz, auf welchem die Arbeit befestigt ist, wird ein etwa

4 cm tiefes Loch gebohrt, in dieses der Schlüssel bei b eingedreht. Dabei benützt man die Schraubenmutter als Hebel, indem man sie mit der Öffnung c bei a einsetzt.

In dem Arbeitstisch müssen Löcher gebohrt sein, in welche der Schlüssel eingesteckt werden kann. Die Befestigung der Arbeit ergibt sich dann leicht.

III. Klimpfel. Preis circa 40 kr.

IV. Granulierstifte, das sind Eisen- oder Stahlstäbchen, an deren untere Seite mittels einer Sägenfeile sich kreuzende Vertiefungen eingefeilt sind. Diese kann man sich selbst aus starkem Eisendraht herstellen. Ein Stück aus Stahl kommt auf 30 kr. und höher zu stehen.

Tischlerwerkzeuge, als: Säge, Hammer, Hobel u. s. w., siehe dieselben unter „Arbeiten an der Hobelbank".

B. Materialien.

Holzarten. Die in unserer Schulwerkstätte zur Verwendung kommenden Holzarten sind:

1. Lindenholz, dasselbe ist weich und weiß.
2. Erlenholz, weniger weich als Lindenholz.
3. Nussbaumholz.
4. Ahorn, sehr weiß, hart.

Andere gute Schnitzhölzer sind: Zirbelkiefer, Eibenbaum, türkischer Hasel, Eichenholz, Birnbaum, Apfelbaum.

Beize. Wir wollen die Erzeugung der von Tischlern gewöhnlich angewendeten Beize Casselerbraun behandeln. Man nimmt 6 Deka Casselererde auf 1 Liter Lauge oder in Wasser aufgelöste Soda, lässt diese Mischung sieden und dann langsam abkühlen. Man untersucht die Beize nach dem Ton der Färbung, indem man einen Holzspan hineinhält. Zeigt sich die Beize zu dunkel, so setzt man Wasser dazu, ist sie zu licht, so gibt man Pottasche dazu.

Wir verwenden nur selten die Beize. In dem Falle, als Nussholz sehr lichte Stellen zeigt, werden sie gebeizt. Die Objecte aus Nussholz lassen wir mit Wachs ein und machen sie dann mittels einer Bürste glänzend.

Recapitulation.

Für jeden Schüler ein schmales und ein breites Flacheisen, also 12 Stück à 35 kr.	fl. 4·20
1 Stück Balleisen, zusammen 6 Stück à 40 kr.	„ 2·40
1 Stück Knipfel, zusammen 6 Stück à 40 kr.	„ 2·40
Für alle 6 Schüler 10 Stück verschiedene Hobleisen à 40 kr.	„ 4·—
	fl. 13·—
Dazu noch 6 Stück französische Schlüssel à 60 kr.	„ 3·60
	fl. 16·60

2. Lehrgang im Holzschnitzen verbunden mit Tischlerarbeiten.

Der Lehrgang im Holzschnitzen entnimmt seine Motive dem Zeichenunterrichte mit besonderer Berücksichtigung der ornamentalen Elementarformen und zeigt, wie diese an entsprechenden Objecten Verwendung finden.

In Betracht können nur kommen:

1. Das Flachornament, insofern es als eine geringe Erhebung aus der Fläche oder als eine seichte Vertiefung in derselben erscheint, wobei Ornament und Grund parallele Flächen bilden und das Motiv zur Ausführung in Holz geeignet erscheint.

2. Das plastische Ornament, und zwar als Relief-Ornament und in beschränktem Maße als Ornament der freien Endigung, wie Stirnziegel u. s. w.

Die naturalistischen Formen werden in der Volks- und in der Bürgerschule nur wenig gepflegt, kommen daher auch bei uns nur ausnahmsweise zur Anwendung.

Unser Plan ist folgender:

Beim Schnitzen ist die richtige und sichere Haltung des Werkzeuges von wesentlicher Bedeutung. Wie schon angedeutet, sollen alle Schneidewerkzeuge sehr scharf sein. Diese scharfen Eisen, von unsicherer Hand geführt, können dem Knaben leicht gefährlich werden; es ist daher die erste Aufgabe des Lehrers, den Schüler mit dem sicheren Griff vertraut zu machen. Hierbei müssen wir zwei Griffarten insbesondere besprechen.

1. Für jeden Schnitt, der auf dem Stoß beruht, gilt folgende Haltung: die linke Hand umfasst das Eisen möglichst nahe der Schneide und gibt so die Stütze ab; durch sie wird das Abrutschen des Eisens verhindert; die rechte Hand übernimmt die Führung des Werkzeuges und stößt dasselbe nach vorwärts.

2. Beim Nachschneiden oder beim Einschneiden von Rinnen u. s. w. wird das Eisen so gehalten: die rechte Hand arbeitet allein; sie hält das Eisen möglichst kurz, d. h. nahe der Schneide; dadurch ist man einerseits imstande größere Kraft zu äußern, dann ist auch ein Ausgleiten nicht leicht möglich.

a) Das Flachornament.
(Taf. 16—18, Fig. 1—23.)

Die Figur wird entweder direct auf das Holz gezeichnet, oder es zeichnet sie der Schüler, speciell bei additiven Ornamenten, auf ein Kartenpapier und schneidet dann die Figur mit den entsprechenden Eisen aus, so dass er eine Schablone erhält, mit der er die Zeichnung auf dem Holze herstellt.

Das Holz wird etwas länger, als die Zeichnung es fordert, geschnitten, mit der Ziehklinge abgezogen, dann mit der Zeichnung versehen und hierauf auf ein starkes, eben gehobeltes Stück Holz genagelt; man achte darauf, dass die Doppeltournier nicht federt. Nachdem man das Ganze mit dem französischen Schlüssel befestigt hat, beginnt man mit dem Einschlagen der Contouren.

Wo die Zeichnung parallel mit der Faser des Holzes läuft, darf nicht mit Kraft eingeschlagen werden, da sonst das Holz leicht zerspringt.

Um dem Schüler das Ausheben des Grundes möglichst zu erleichtern, lässt man ihn zuerst rings um die Contouren der Figur einen dreikantigen Streifen herausstechen und erst dann den Grund ganz eben ausschneiden.

Der Herstellung von Gebrauchsgegenständen schickt man die Einübung entsprechender Figuren auf Musterplatten voraus, wie solche auf Tafel 16, Fig. 1—5, gezeichnet sind. Fig. a, b, c verschiedene Mäander. Fig. 2 a das gothische Kyma, Fig. 2 b ein Bandornament. Fig. 3 nebengereihte und verschlungene Kreise, Fig. 4 ein durchschlungenes Band, Fig. 5 ein Füllungsornament, Fig. 6—9 verschiedene Bandornamente.

An der Herstellung dieser Ornamente haben die Kinder viel Vergnügen. Sie drängen gar nicht nach der Anfertigung von Gebrauchsgegenständen. Diese Ornamente und andere, wie sie der Schulunterricht bietet, werden alsdann zum Schmucke einfacher Objecte verwendet. Man thut gut, die ersten Objecte recht einfach zu ornamentieren, dass die Knaben nicht ermüden. Ich lasse vorwiegend solche Gegenstände anfertigen, welche die Schüler für den eigenen Gebrauch verwerten können. Die Tafel 18 zeigt solche Objecte, mit denen der Knabe seinen Schreibtisch und die Wand hinter demselben schmücken kann. Fig. 12—15 stellt verschiedene Rahmenverzierungen dar. Fig. 16 einen Schlüsselhalter ($^2/_3$ n. G.), Fig. 17 ein Postament ($^1/_3$ n. G.), Fig. 18 ein Tintenzeug, Fig. 19 eine Löschwiege ($^1/_3$ n. G.), Fig. 20 ein Bücherbrett ($^1/_3$ n. G.), Fig. 21 eine Staffelei ($^1/_3$ n. G.), Fig. 22 ein Briefkästchen ($^1/_3$ n. G.), an der Vorderwand sind ein geradliniges, erhabenes (a) und ein vertieftes Ornament (b) angedeutet. Fig. 23 ein Papiermesser ($^1/_3$ n. G.). Andere, leicht zu ornamentierende Objecte sind: Briefbeschwerer, Deckel für Trinkgläser, Teller, Anrichtbrett, Platte für ein Schmucktischchen etc. Entsprechende Zeichnungen findet man in jeder Zeichenschule, nur wähle man nicht reiche Muster.

b) Das Tiefornament (der Kerbschnitt).
(Taf. 19, Fig. 1—30.)

Bei dem Flachornament erscheinen die Kanten senkrecht abgestochen, beim Kerbschnitt werden dieselben schief gegen die Mitte abgestochen. Siehe die Figur nebenan. ∨

Bei geradlinigen Figuren des Kerbschnittes lässt man den Schüler zur Erleichterung zuerst die Linien (z. B. Taf. 19. Fig. 1 a, 3 a, 17 a) so tief senkrecht einschlagen, als die Kanten nach dem Herausheben des Holzes erscheinen müssen; erst dann werden die schrägen Flächen geschnitten.

Bei den Kerbschnittfiguren kommt das Balleisen am häufigsten in Anwendung.

Bei den krummlinigen Figuren im Kerbschnitt kommt das Ziehen des Eisens, das ist eine Bewegung der Schneide von rechts nach links und vice versa in einem Bogen in Anwendung.

Als Material wird bei uns vorwiegend Linden- und Erlenholz verwendet.

Auf Taf. 19 sind 30 verschiedene Kerbschnittmuster gezeichnet. Es versteht sich von selbst, dass der Schüler jedes Muster so lange zu üben hat, bis er eine gewisse Fertigkeit erreicht hat. Ich lasse gewöhnlich die ersten 12 Figuren auf einer Platte aus Lindenholz üben, bevor ich Gebrauchsgegenstände herstellen lasse. Diese Muster können Anwendung finden bei Thürschildern, Bilderrahmen, Papiermesser (Fig. 30), Bürstenhalter, Wandkorb, verschiedenen Kästchen u. s. w.

Die nächsten Motive (Fig. 13—29) zeigen Stern- und Eckenformen. Sie geben keineswegs eine erschöpfende Darstellung aller möglichen Variationen, aber sie dürften im allgemeinen genügen, dem Schüler das Wesen des Kerbschnittes, soweit es für ihn erfasslich ist, klar zu machen. Vorlagen für den Kerbschnitt gibt es sehr viele (siehe den Anhang über Literatur des Handfertigkeitsunterrichtes), sofern der Lehrer nicht die eigene Combination des Schülers in Anspruch nehmen will, so wird er nach einem dieser Werke greifen müssen. Ich lasse gewöhnlich nach der Auswahl des herzustellenden Objectes die Zusammenstellung der Verzierungen aus den Mustern von den Schülern selbst vornehmen.

Die auf der Taf. 18 gezeichneten Objecte können auch mit Kerbschnitt verziert werden. So kann jede der ersten 12 Figuren einzeln oder in Verbindung mit einer andern bei Rahmen Anwendung finden. Der Schlüsselhalter kann durch Sternfiguren, die Kästchen durch eine der Figuren 21, 22, 29 geschmückt werden. Bei einem Deckel mit Füllungen können die Figuren 23 bis 26 verwendet werden.

Bei dem Entwurf einer Zeichnung lasse aber der Lehrer nie zu, dass der Knabe sehr kleine Muster wähle; denn die Ausarbeitung solcher Figuren ermüden die Augen. Der Kerbschnitt ist, sobald die Zeichnung hergestellt ist, doch eine mehr oder weniger mechanische Thätigkeit.

c) Das Hochornament (Relief).
(Taf. 20—23, Fig 40—48)

Vorübungen. Material: Lindenholz. Wir lassen in der Regel auf einer Leiste aus Lindenholz zuerst drei erhobene Rechtecke schneiden und dann diese abdachen.

Ellipse, Fig. 40. Der Vorgang ist aus der Zeichnung ersichtlich.
1. Die Ellipse wird mit dem entsprechenden Hohleisen eingeschlagen.
2. Der Grund wird herausgehoben.
3. Die erhöhte Ellipse wird mit einem Flachhohleisen abgerundet und dann mit Glaspapier geglättet.

Rosette, Fig. 41. Material: Lindenholz. Die einzelnen Schnitte zeigen die Figuren.
1. Schnitt: Einstechen der Contour.
2. „ Herausnahme des Grundes.
3. „ Abrundung der einzelnen Blätter.
4. Glätten mit Glaspapier.

Eierstab, Fig. 42. Material: Lindenholz. Fig. 42 (natürliche Größe). Fig. a gibt den Durchschnitt. In dieser Form muss das Holz vorgearbeitet werden; b deutet den 1. und 2. Schnitt an. c den 3. und 4. Schnitt; hierauf erfolgt die Glättung mit Glaspapier. Bei c merke man die Linie a b. Diese Mittellinie in angedeuteter Länge soll der Schüler bis zur Glättung mit Glaspapier stehen lassen. Er erhält hiedurch ein wesentliches Hilfsmittel, um das zu viele Wegschneiden zu vermeiden.

Andere Blattformen: Bei schwächeren Schülern schieben wir hier einige Blattformen ein und wählen die Figuren von Taf. 24—26 aus dem Lehrgang im Modellieren und lassen sie in der Größe der Zeichnung in Lindenholz herstellen. Der Vorgang im allgemeinen ist folgender:
1. Einstechen der Contour.
2. Ausheben des Grundes.
3. Herstellen der Bewegungslinie, wie dies die Figuren B und C bei Fig. 2, Taf. 24 zeigen.

Das lesbysche Kyma. Fig. 43. Material: Lindenholz. Fig. 43 zeigt die natürliche Größe. Der Vorgang bei der Herstellung ist wie beim Eierstab.

Der Lotos. Fig. 44, 45. Material: Lindenholz. Fig. 44 ist $^1/_2$ natürliche Größe. Vorgang wie bei „andere Blattformen". Der Grund kann granuliert werden.

Die Palmette. Fig. 46. Material: Nussbaumholz oder Erlenholz. Fig. 46 natürliche Größe.

Vorgang: 1. Die Contouren werden mit der Laubsäge ausgeschnitten.

Bei der Zeichnung merke man, dass das Blatt 5 beim Sattel am breitesten und Blatt 1 am schmälsten ist.

2. Um die nöthige Höhe für das Kelchblatt zu erhalten, leimt man auf dasselbe ein Stück Holz auf.

3. Die Palmette wird auf ein dickes Holz aufgenagelt und mit diesem am Werktisch befestigt.

4. Die Blätter 1, 2, 3, 4, 5 werden wie Glyphen hergestellt.

5. Bei der Schnecke entspricht der Vorgang, wie er beim Flachornament (Aushebung des Grundes) besprochen wurde.

Es empfiehlt sich, von verschiedenen Schülern verschiedene Palmettenformen herstellen zu lassen.

Fig. 47. **Das Akanthusblatt**. Das griechische Akanthusblatt auf einer ebenen Grundfläche. Material: Linden-. eventuell Nussbaumholz. Figur natürliche Größe.

Vorgang: 1. Aufleimen eines Stück Holzes bei der überhängenden Spitze *a*.
2. Einstechen der Contouren.
3. Herausstechen des Grundes.
4. Abstechen der tiefer liegenden Blätter (Unterschneiden).
5. Cannelieren der einzelnen Blätter.
6. Der Grund kann granuliert werden.

Fig. 48 *(a)*. Der **Kragstein**. Material: Lindenholz. Nussbaumholz.

Vorrichtung des Holzes: Die Begrenzungslinien des nicht ornamentierten Holzes sind *a b*, *a c* und die Rippe des Akanthusblattes.

Ornamentierung: Die Herstellung des Akanthusblattes, wie oben.

Die Ornamentierung der Seitentheile:

Die Rosetten *B*, *B'* werden abgetrennt hergestellt; dann kann der französische Schlüssel bei *B*, eventuell *B'* eingeschraubt werden. Über den Löchern werden die Rosetten geleimt.

Die Verwertung dieser Objecte — z. B. zu einem Büchergestell.

Der Schüler stellt zuerst einen Kasten aus weichem Holze dar; derselbe soll gezinkt sein. Siehe unter Arbeiten an der Hobelbank.

Diese Herstellung bringt dem Schüler nur das Zinken als eine neue Übung — wenn der Junge sich schon mehr als ein Jahr mit Holzarbeiten beschäftigt hat, so erlernt er dies sehr leicht.

Die Seitentheile können, und zwar mit Intarsia fourniert werden.

An dem Kasten kommen in Verwendung:
1. Die Palmette als Sinnbild der freien Endung.
2. Der Eierstab als Sinnbild der Unterstützung, des Beschwertseins.
3. Ein Band (Perlschnur) als Sinnbild des Bindens.
4. Der Kragstein als Sinnbild des Tragens.
5. Die Rosette als Sinnbild der Strahlung, des Freischwebens.

Die Seitenwände zeigen die Darstellung des Eierstabes, Mäanders, der Füllung, des Bandes in Intarsiaform.

Die Intarsia werden hergestellt: Man leimt zweierlei Fournier, z. B. Nussbaum und Ahorn, mit sehr schwachem Leim aneinander, indem man Schreibpapier dazwischen legt. Die Figuren werden auf Papier gezeichnet und dann auf das Holz gepaust.

Beim Schneiden mit der Laubsäge achte man darauf, dass die Säge möglichst senkrecht auf die Holzfläche geführt werde.

Die zusammengeleimten Fournieren werden nach dem Schnitte mittels Dazwischenschieben einer dünnen Messerklinge getrennt. Nach der Trennung werden die einzelnen Stücke in die Grundform eingelegt in unserem Falle die Ahornfournier in die Nussbaumfournier. Hierauf leimt man mit dünnem Leim Papier darüber, und erst nachdem dieses trocken ist, kann man zum Fournieren der Flächen, d. i. zum Aufleimen der Fournier auf das weiche Holz schreiten. Man vergesse hiebei nicht, das weiche Holz mit dem Zahnhobel zu ritzen. Das weiche Holz wird mit dünnflüssigem Leim bestrichen, die Fournier daraufgelegt, über dieses ein entsprechend großes, gleichmäßig gehobeltes Holz gelegt und mit Schraubzwingen festgeschraubt. Um einen gleichmäßigen Druck zu erzeugen, legt man auf das Deckholz überquer Leisten, auf die man die Schraubzwingen ansetzt.

Die Laubsägenarbeiten werden in manchen Knaben-Beschäftigungsanstalten ganz speciell cultivirt; wir lassen aber nur insoweit mit Laubsägen arbeiten, als wir hierdurch einen Vortheil für unsere eigentlichen Arbeiten erreichen; sie treten daher bei uns nur als Hilfsarbeiten auf.

Das Schneiden mit der Laubsäge ist außerordentlich einfach. Man achte besonders darauf, dass der Schüler die Säge senkrecht halte.

Um Linien zu schneiden, die nicht bis zum Rande des Holzes reichen, muss man mit einem Trailbohrer oder auch mit einer Keilnadel (doch zersprengt man mit dieser leicht das Holz) ein Loch bohren, in das die Laubsäge eingesetzt wird.

Für feine Arbeiten und in dünnem Holze nimmt man Laubsägen Nr. 0; je stärker das Holz, desto höher muss die Nummer sein.

Es empfiehlt sich, nur Laubsägebogen mit verstellbarem Arm zu kaufen, da man in solchen auch abgebrochene Sägen verwenden kann.

V. Das Modellieren.

1. Hilfsmittel.

A. Werkzeuge.

Planium — das ist die Fläche, welche der Modellierung als Unterlage dient; am zweckmäßigsten bedient man sich einer glatten Steinplatte als solcher; starkes Glas oder Schiefer eignen sich zum Poussieren in Wachs mehr denn zu Thonmodellierungen.

Diese glatten Steinplatten sind unter dem Namen Kehlheimerplatten wohl überall leicht zu bekommen; nur sehe man darauf, reine und hellfärbige zu nehmen, da sich nur auf diesen die zuerst nöthige Contour deutlich zeichnen lässt. Ist es nicht möglich, ganz glatte Platten zu bekommen, so muss man sie vor dem Gebrauche selbst polieren, indem man zwischen zwei solche Platten feinen Sand und Wasser gibt und beide aneinander reibt, bis sie ganz glatt sind.

Vor dem ersten Abgusse einer Modellierung auf einer ganz neuen Platte empfiehlt es sich, unmittelbar vor dem Abgusse diese mit Öl zu bestreichen, damit eine Verbindung des Gipses mit dem Steine vermieden wird; nur vermeide man dicke Öle, wie z. B. Leinöl, sondern nehme reines „Tafelöl"; dort, wo man aber sogenanntes „Sesamöl" bekommt, nehme man das letztere, weil es sowohl sehr rein als dünnflüssig ist. — Eine Kehlheimerplatte, 35 cm lang, 25 cm breit, kostet circa 30 kr.

Modellierhölzchen. Dieselben werden hergestellt aus: Buxbaum- und Oliven- oder Palissanderholz, desgleichen auch aus Apfelbaum- und Buchenholz, schließlich aus Bein. — Die aus öligem Holze, wie die drei erstgenannten, sind zu Modellierzwecken am geeignetsten, da sie sowohl der Feuchtigkeit langen Widerstand leisten als auch den Vorzug der Elasticität haben, während die aus anderen Holzarten durch zu baldiges Einsaugen der Feuchtigkeit, selbst wenn sie vor dem ersten Gebrauche gut mit Öl getränkt sind, nach kurzer Zeit unbrauchbar, faserig werden. . Solche aus Bein sind am allerwenigsten zu empfehlen, weil ihnen die Elasticität mangelt. — Die geeignetsten Formen sind auf Taf. 32 unter 1. 2. 3 dargestellt ($^1/_2$ der natürlichen Größe), während 4 und 5 ähnliche Instrumente, aber aus Stahl gefertigt, darstellen, wie solche nur zur Überarbeitung von der Vollendung entgegengehenden Gipsabgüssen dienen; letztere Instrumente müssen stets rein und trocken gehalten werden, damit ein Rosten (Oxydieren) hintangehalten wird, weil sich das Oxyd bei Bearbeitung des Gipses diesem leicht mittheilt und Flecken erzeugt.

Der beiläufige Preis eines Stückes von 1—3
    aus Buxbaumholz   stellt sich auf 20—30 kr.
    - Olivenholz   - - - 20—30 -
      Palissanderholz -   - 24 - 40 -
    - Buchenholz   - - - 12—18 -

Instrumente aus Stahl, Fig. 4 und 5, auf 40 kr.

Zum Abgusse in Gips ist nöthig:

Ein größeres Gefäß, etwa eine glasierte Thonschüssel, oder bei kleineren Abgüssen ein Lavoir, ein ordinärer Löffel, für größere Abgüsse Schöpflöffel, wie man sie aus Weißblech gefertigt bekommt; diese Weißblechlöffel sind nach jedesmaligem Gebrauche sorgfältigst zu trocknen, daher verzinnte Löffel entschiedenen Vortheil besitzen. Preis eines Weißblechlöffels circa 5 kr.

Ein großer nicht zu steifer Borstpinsel zum Reinigen der Blindform. Preis 20 kr.

Bei Leimabgüssen bedarf man zum Flüssigmachen des Leimes zweier Töpfe, wovon der eine so viel kleiner ist, dass er in den andern ganz bequem hineingestellt werden kann. Praktischer aber ist die Anschaffung der für solche Zwecke eigens construierten Apparate zum Preise von fl. 1·50 für ein Liter Inhalt.

B. Arbeitsmateriale.

Das hauptsächlichste Materiale ist feingeschlemmter Modellierthon — in Wien kostet ein Ziegel, 10 kg schwer, 32 kr.

Gewöhnlicher Töpferthon ist für unsere Zwecke nicht verwendbar, da er zu grobkörnig ist.

Wenn man genöthigt ist, sich feinen Modellierthon selbst herstellen zu müssen, so beobachte man folgendes Verfahren: Man gibt den Thon in Wasser und lässt ihn so lange darin liegen, bis er zu Brei geworden ist; dann nimmt man einen Leinenlappen, den man sackförmig hält und seiht durch diesen den Thonbrei; die unreinen Bestandtheile bleiben dabei in dem Sacke, die verwendbaren muss man in einem Topf auffangen und so lange an der Luft stehen lassen, bis sie die genügende Festigkeit erhalten haben.

Der Modellierthon muss stets feucht erhalten werden. Dies erreicht man bei ungeformten Thonstücken, indem man sie in eine am besten mit Zinkblech ausgeschlagene Kiste gibt, in den Thon Vertiefungen macht und in diese Wasser gibt.

Nicht vollendete Modellierungen überdeckt man mit feuchten, nicht nassen Gewirken oder andern Lappen und feuchtet diese von Zeit zu Zeit an.

Gips. Zur Herstellung der Blindform (siehe S. 63) genügt gewöhnlicher Gips; derselbe kostet in Wien per Kilogramm 4 kr.

Zur Reinform (siehe S. 64) nimmt man Alabastergips; davon zahlt man 50 kg mit fl. 3·60.

Kauft man größere Quantitäten, die man längere Zeit aufbewahren muss, so sorge man dafür, dass er vor Feuchtigkeit bewahrt bleibt, da er sonst „todt", d. h. unbrauchbar wird.

Leim. Will man mehrere Abgüsse aus einer Blindform herstellen, so muss diese aus Leim gemacht werden. Hiezu nimmt man Vergolder- oder Kölnerleim, per Kilogramm fl. 1·60.

Bei ganz feinen Arbeiten kommt Gelatine in Anwendung; dieser stellt sich auf fl. 2·40 per Kilogramm.

Recapitulieren wir die Anschaffungskosten:

Jeder Schüler bedarf 1 Planium . . . Preis fl. —·30
circa 2 Modellierhölzchen à 20 kr. . „ „ ·40
Summe der Werkzeugkosten . . fl. 1·70

Mit einem Ziegel Thon, 10 kg schwer, Preis 32 kr., können sechs Schüler ganz gut bei nur einiger Sorgfalt 6 Monate auskommen, demnach stellt sich der Verbrauch an Thon pro Monat und Schüler auf circa 1 kr.

Die verhältnismäßig größten Ausgaben verursachen die Reingüsse. Wir lassen nur ganz gelungene Formen, also nicht jede abgießen. Für eine Blindform bedarf man um circa 3 kr., für eine Reinform um circa 5 kr. Gips. Es stellt sich demnach ein Abguss auf 8—9 kr.

In Leim gießen wir nur Objecte, die wir als Lehrmittel benützen. Mit circa 2 kg Leim reicht man lange Zeit aus, da derselbe immer wieder zu neuen Formen verwendet werden kann.

2. Lehrgang im Modellieren.
(Taf. 24—32.)

Bei unseren ersten Versuchen giengen wir von der Herstellung von Würfeln, Prismen u. s. w. aus, fanden aber bald, dass die Herstellung dieser Objecte eine große Genauigkeit erforderte; die Schüler verloren auch bald die Geduld, und für das eigentliche Modellieren hatten wir wenig gewonnen.

Seit Jahren arbeiten wir nach dem Lehrgang im Modellieren von Remisch, erschienen im k. k. Museum für Kunst und Industrie, und haben in der Schulwerkstätte wie im Lehrercurs recht schöne Resultate erzielt.

Taf. 24—32 zeigen diesen Lehrgang.

Fig. 1 stellt einen Halbcylinder dar,
- 2 ein löffelförmiges, ungezacktes Blatt,
- 3 dasselbe Blatt mit Ausspitzung,
- 4 ein palmettenförmiges ungezacktes Doppelblatt,
- 5 dasselbe Blatt mit einer Ausspitzung,
- 6 ein ähnliches Blatt, zusammengesetzt aus Fig. 2 und 4,
- 7 dasselbe, die einzelnen Blätter ausgekerbt (Fig. 3 und 5),
- 8 ein stilisiertes Blatt mit Ausspitzung,
- 9 eine stilisierte Tulpe,
- 10 eine Palmette (französischer Provenienz),
- 11 einen stilisierten Lorbeerzweig,
- 12 Feigenblatt in Akanthusform,
- 13 dasselbe mit zwei Nebenblättern,
- 14 Akanthus in Palmettenform,
- 15 Akanthus (halbes Blatt),
- 16 vollständiges Akanthusblatt,
- 17 Rosette.

Schon ein flüchtiger Blick zeigt, wie in diesem Gang jedes folgende Object an das vorhergehende sich anschließt, in ihm die Einzelheiten desselben sich wiederholen und nur durch wenige neue Elemente vervollständigt erscheinen. Die Ornamente enthalten die wichtigsten Formen der Elementarornamentik: die Palmette, die Rosette, das Akanthusblatt, außerdem zeigen sie die Art, wie Pflanzen stilisiert erscheinen. Ein Vorwurf kann diesem Lehrgang vielleicht damit gemacht werden, dass er nur eine Stilart berücksichtigt und das ganze Streben darauf hinauszulaufen scheint, das Verständnis für das Akanthusblatt zu vermitteln. Doch ist zu bedenken, dass eben das Akanthusblatt die Krone der Ornamentik ist und dass seine Herstellung die größte Übung erfordert.

Der Remisch'sche Lehrgang umfasst 22 Nummern; wir begnügen uns aber mit den angeführten 17 Nummern. Die Schüler arbeiten bei vier wöchentlichen Unterrichtsstunden etwa 12 Monate an diesen Objecten; dann lassen wir sie Ornamente aus andern Stilarten und zum Schlusse einfache Ornamente nach Zeichnungen modellieren.

Von Vortheil ist es, wenn die Schule diese Ornamente auch in Plastik besitzt, dass dem Schüler möglich ist, nach Vollendung seiner Arbeit nach der Zeichnung diese auch mit dem plastischen Original vergleichen zu können.

Bei der Auswahl von Zeichnungen, nach denen die Schüler modellieren sollen, ist hauptsächlich darauf zu achten, dass diese Zeichnungen möglichst plastisch gehalten sind. Hierzu empfehlen sich besonders Photographien.

Hierbei will ich darauf hinweisen, dass unsere Schüler aus der Bürgerschule in der Zeichenstunde nach denselben Modellen zeichnen. Durch diese doppelte Beschäftigung mit denselben Objecten gelangen sie zu einer möglichst klaren Auffassung derselben. Ich habe in diese Lehrgänge die Zeichnungen dieser Modelle aufgenommen, in der Hoffnung, dass ich manchem Lehrer, der nach den obigen Modellen zeichnen lässt, damit willkommen bin, da er dem Schüler schließlich eine vollständige Zeichnung zum Vergleich vorhalten kann.

Wir haben in dieser Beziehung recht hübsche Erfahrungen gemacht. Die Anschauung der Schüler einer schattierten Zeichnung klärte sich bald in auffallender Weise. So schwer es ihnen bei dem ersten Object fiel, sich in die Bewegungslinien der gezeichneten Form hineinzudenken, so leicht begriffen sie diese schon bei den ferneren Objecten. Und mit dieser Erscheinung bei den Kindern glauben wir dann den Endpunkt des eigentlichen Zeichnens und des Modellierens erreicht zu haben.

3. Der Vorgang im Modellierunterrichte.

Der Schüler wird in der ersten Stunde mit den nöthigen *termini technici* und mit dem Materiale vertraut gemacht. Hierauf erhält er eine Kehlheimerplatte, um auf diese die Contur der Fig. 1 zu zeichnen. Fehler, die er etwa macht, kann er mit einem feuchten Tuche leicht wegwischen. Ist er mit der Zeichnung fertig, so wird er angehalten, die Figur nach ihren Hauptbewegungslinien zu studieren, und zwar in der

Weise, dass er das Original vorerst wagrecht vor seine Augen hält, so dass er den Blick auf die Längenachse gerichtet hat, und er die Linie *a b c*. Fig. 1, Taf. 24 sieht; dann dreht er das Original in derselben Ebene unter einem Winkel von 90°, dass er die Linie *d e f* erschaut.

Hierauf nimmt er ein größeres Stück Thon und knetet dieses tüchtig durch, bis er eine ganz gleichmäßig weiche Masse erhält, mit der er das Ornament auf der Kehlheimerplatte in der Weise aufzulegen beginnt, dass er gleich die Form im allgemeinen aufbaut. Dann beginnt er mit dem Modellierholz zu glätten, dabei immer die ganze Länge bestreichend, um freie Bewegung der Hand zu erreichen. Ist der Thon nicht ganz gleichmäßig durchgeknetet, so erhält der Schüler nie eine ebene Fläche, sondern stets Unebenheiten. Schließlich glättet man die Figur mit dem angefeuchteten Finger.

Das Modellieren lässt sich durch Beschreibung nicht erlernen; es kann daher nur unsere Absicht mit dieser Erörterung sein, auf einen rationellen Vorgang aufmerksam zu machen.

Ist das Ornament recht hübsch ausgefallen, so kann man es als Zeichen der Anerkennung dem Schüler in Gips abgießen lassen. Dies geschieht auf folgende Weise:

I. Herstellung der Blindform:

a) Man stellt um das Planium Holzleisten, noch besser einen Rahmen.

b) Das Planium und die Modellierung werden mit Wasser übergossen. Ist die Kehlheimerplatte noch wenig gebraucht, so thut man gut, sie bei den ersten Abgüssen, wie schon erwähnt, mit Öl zu bestreichen, dass jede Verbindung des aufzugießenden Gipses mit der Platte vermieden wird.

c) Dann macht man in der Schüssel (siehe S. 59) in der gleich unten beschriebenen Weise einen ziemlich dickflüssigen Brei aus Gips an. Um die Blindform von der Reinform später besser unterscheiden zu können, gibt man in das Wasser eine Messerspitze*) voll feingestoßenes Ziegelroth und rührt dieses im Wasser tüchtig um. Hierauf gibt man langsam Gips in die Mitte des Wassers, rührt diesen mit einem Löffel erst dann um, wenn er vollends angesaugt ist. Für das erste Modell in der doppelten linearen Größe der Zeichnung nimmt man ¼ Liter Wasser und ⅜ Liter Gips.

d) Wenn der Brei ganz gleichmäßig aufgelöst ist, so übergießt man nochmals die Modellierung mit Wasser und gießt dann den ziemlich dickflüssigen Gipsbrei darauf. Man bekommt mit den angegebenen Quantitäten eine Schichte von circa 1 *cm* Dicke. Man thut gut, um die gleichmäßige Vertheilung des Gipses zu erlangen, die Kehlheimerplatte

---

*) Gibt man mehr Ziegelroth, so wird die Gipsmasse schmierig.

ein wenig zu schütteln oder mit der Faust auf den Tisch, auf welchem man die Arbeit vornimmt, zu schlagen.

e) Nach etwa zehn Minuten macht man neuerdings aus einem Liter Wasser und ³/₄ Liter Gips einen Brei an, bespritzt die nach außen gekehrte Seite der Blindform mit Wasser und gießt dann den Brei darauf, der einzig nur zur Verstärkung der Platte dient.

f) Die Blindform beginnt nach etwa 10 Minuten warm zu werden, nach weiteren 15 Minuten kann man, nachdem man den Holzrahmen entfernt hat, die Blindform von der Kehlheimerplatte abschieben; wollte man sie abheben, so zerbräche man sie.

g) Aus der Blindform nimmt man den Thon mit einem Modellierholz heraus; bei kleineren Figuren thut man gut, mit einem Stück weichem Thon auf die herauszunehmende Modellierung zu tupfen und sie so herauszuheben.

Der herausgehobene Thon wird von allen Gipstheilchen gereinigt und kann dann wieder verwendet werden.

h) Die Blindform wird jetzt rein ausgewaschen, und zwar am besten mit einem Pinsel, mit dem man aber nicht streicht, sondern tupft.

II. Gießt man hierauf gleich die Reinform aus, so ist das Verfahren wie bei der Herstellung der Blindform. Es wird aus 1 Liter Wasser und ³/₄ Liter Gips ein Brei gemacht, die Blindform in den Holzrahmen gelegt, vor dem Gusse noch einmal befeuchtet und nun kann der Guss beginnen. Um die Objecte später aufhängen zu können, drückt man in die noch ganz flüssige Masse einen Messingdraht dieser Form ⌒ (Eisendraht rostet und macht in der Reinform gelbe Flecken).

Ist die Blindform einige Zeit gelegen, so muss sie vor dem Gusse so lange mit Wasser begossen werden, bis der Gips dasselbe nicht mehr einsaugt; vergisst man hierauf zu achten, so tritt eine Verbindung zwischen Blind- und Reinform ein, und man kann diese nicht von einander trennen. Dadurch, dass man kurz vor dem Gusse noch einmal die Blindform mit Wasser bespritzt, erzeugt man eine Trennungsschichte zwischen beiden Formen, durch welche die Trennung der beiden Formen ermöglicht wird.*)

An diese kann man erst schreiten, wenn die Gipsmasse ganz hart geworden ist; dieses tritt um so später ein, je dünnflüssiger der Gipsbrei war. Wenn er die nöthige Consistenz besaß, so kann man an die Trennung bereits nach 20 Minuten schreiten; war er dagegen sehr dünnflüssig, so muss man stunden- und tagelang warten, oder man muss mit Ofenwärme zuhilfe kommen.

*) Manche bestreichen, um eine leichtere Trennung der beiden Formen zu ermöglichen, die Blindform mit Öl oder mit Seife; hierdurch verliert aber der Reinguss immer an Reinheit der Farbe.

Bei der Trennung verfährt man so:

a) Man löst zuerst die Verstärkungsschichte von der Blindform ab, indem man ein Messer oder ein breites Modelliereisen zwischen die Verstärkungsschichte und die eigentliche Blindform schiebt und dann die obere Schichte weghebt.

b) Hierauf hebt man in gleicher Weise die Blindform weg.

c) Kleinere Stücke der Blindform, welche hatten bleiben, schlägt man mit einem stumpfen Eisen und einem Holzhammer ab; dabei muss man sehr vorsichtig sein, dass man mit dem Eisen nicht in die Reinform kommt.

Wenn man mit der nöthigen Vorsicht verfährt, so erhält man die Reinform so sauber, dass sie gleich als vollendet gelten kann.

d) Hat man aber beim Lostrennen einige Stücke des Reingusses abgebrochen, so müssen diese ersetzt werden, und zwar so: man macht in einem kleinen Gefäß einen sehr dünnflüssigen Gipsbrei an, sticht mit einem spitzen Eisen in die zu corrigierende Stelle, dass die Bruchfläche recht uneben wird, gibt dann Wasser und endlich den etwas dicker gewordenen Gips darauf. Macht man den Gips gleich von vorneherein dickflüssig an, so tritt keine Verbindung ein.

e) Nachdem diese Stellen trocken geworden sind, arbeitet man mit dem Modelliereisen, Taf. 32. Fig. 4 und 5, die Form sauber aus, schließlich glättet man sie vollständig mit einer recht nass gemachten Haut des Tintenfisches oder mit Glaspapier Nr. 0.

III. Will man von einer Modellierung mehrere Reingüsse haben, so muss man eine Blindform aus Leim herstellen. Zu diesem Zwecke wird:

1. die Thonform mit einer Schellacklösung angestrichen, dann gut getrocknet.

2. die Thonform in eine Holzverkleidung gelegt.

3. die Modellierung mit Öl eingestrichen.

4. der flüssige, aber nicht zu warme Leim aufgegossen.

Aus dieser Blindform, die sehr elastisch ist, erhält man den Reinguss auf folgende Weise:

1. Man überstreicht die Leimform mit einer verdünnten Lösung Damarfirnis und lässt sie so lange stehen, bis sich eine feine Haut auf der Form gebildet hat. Hiedurch wird verhindert, dass die Feuchtigkeit des Gipses zerstörend auf den Leim einwirkt.

2. Der Gipsbrei erhält einen Zusatz von aufgelöstem Alaun, wodurch ein schnelles Anziehen bewirkt wird. Nach etwa 10 Minuten ist die Form trocken und kann aus der Leimform herausgenommen werden.

Die gewerbliche Buchführung.

Der Lehrplan der dritten Bürgerschulclasse fordert die Vorführung der einfachen Buchführung.

Unsere Schulwerkstätte tritt auch in diesem Gegenstande ergänzend auf. Die Schüler werden verhalten, von drei zu drei Monaten eine Inventur der Schulwerkstätte aufzunehmen, ein Waren-, ein Werkzeug- und ein Materialienbuch zu führen.

Die Aufzeichnungen haben den besonderen Wert, dass die Schüler es nicht mit fingierten, sondern mit ganz reellen Werten zu thun haben.

Außerdem steht jeder Arbeitsgruppe ein Knabe als Partieführer für eine gewisse Zeit vor. Als solcher bekommt er ein Partiebuch, das eigentlich eine Sammlung einzelner Bücher, als Arbeiter-, Werkzeug-, Materialien- und Warenbuch, nebst einem Calculationsbuch ist.

Das Partiebuch zerfällt in fünf Abtheilungen:

Die I. Abtheilung (Arbeitsbuch) enthält folgende Colonnen:
1. Name und Wohnort des Schülers.
2. Zeit des Eintrittes in diese Arbeitsgruppe.
3. Absenzen.
4. Austritt aus dieser Arbeitsgruppe.
5. Bemerkungen.

Die II. Abtheilung (Werkzeugbuch) enthält:
1. Post-Nummer.
2. Anschaffungsdatum.
3. Name des Gegenstandes.
4. Preis des Gegenstandes.
5. Abgang, Art desselben.
6. Bemerkungen.

Die III. Abtheilung (Materialienbuch). Hier möge ein Beispiel die Einrichtung zeigen. Ich wähle das Buch der Modelleure. Der Kopf desselben enthält:

Eingang.

Datum	Thon		Alabastergips		Gewöhnl. Gips		Art der Erwerbung	Name des Übernehmers
	kg	Preis fl. kr.	kg	Preis fl. kr.	kg	Preis fl. kr.		
16. 1.	20	— 66	—	—	—	—	gekauft	Franz Tischler

Ausgang.

Datum	Alabastergips		Gewöhnl. Gips		Abgegeben an den Schüler	Für das Modell	Name des Verwalters
	kg	fl. kr.	kg	fl. kr.			
16. 1.	½	— 3½	1½	— 2½	Meinert	Nr. 27	Franz Tischler

Die IV. Abtheilung (Warenbuch) enthält die Colonnen:
1. Datum der Fertigstellung.
2. Benennung des Gegenstandes.
3. Name des Erzeugers.
4. Herstellungskosten des Objectes.
5. in wessen Besitz das Object ist (z. B. im Besitz des Schülers, der Schulwerkstätte).
6. Bemerkungen.

Die V. (letzte) Abtheilung (das Calculationsbuch) hat keine besondere Rubricirung.

Der Schüler calculiert etwa so:

Nr. 5. Über eine Schatulle.

Für 4 dm^2 Doppelfournier (Nussbaumholz) à dm^2 1½ . 6 kr.
2 Stück Charniere à 2 kr. . . . . 4 -
Stiftern, Leim, Glaspapier, circa . . . 1 -
        Summe . 11 kr.
  nebst 6 Stunden Arbeitszeit.

Die Zuweisung der einzelnen Schüler an die besonderen Arbeitsgruppen.

Ich behandle diesen Punkt erst an dieser Stelle, weil der Eintheilungsgrund hierfür erst nach Einsichtnahme in die speciellen Lehrpläne klar werden kann.

Wir weisen die Schüler in der Regel bei ihrem Eintritt der Abtheilung der Papparbeiter zu und lassen sie daselbst nach dem Lehrplane bis inclusive „Anwendungsformen bei Herstellung von cylindrischen Körpern" arbeiten. Hierdurch erlangen sie so viel Fertigkeit, dass sie die im Unterrichte der Lernschule später vorkommenden Objecte ohne besondere Nachhilfe ausführen können.

Nach diesen gewissermaßen propädeutischen Curs stellen wir die Wahl der einzelnen Arbeitsgruppe dem Schüler frei.

Wählt der Knabe das Modellieren, aber erweist er sich nach einigen Wochen für diese Gruppe nicht geeignet, da ihm der nöthige Formensinn fehlt, so wird er den Tischlern eingereiht.

Die Modelleure gehen nach Absolvierung ihres Curses in der Regel zu der Holzschnitzerei über, wobei ihnen die vorbereitende Thätigkeit im Modellieren in Thon sehr zustatten kommt und bei welchen Arbeiten sie auch die wichtigsten Handgriffe der Tischlerei sich aneignen.

Wie die Eintheilung der Schüler geschieht, möge folgendes Schema zeigen.

Angenommen, der Schüler tritt bei der Aufnahme in die Bürgerschule auch gleich in die Schulwerkstätte ein und bleibt bis zur Absolvierung der 3. Classe, also durch drei Jahre daselbst, so beschäftigt er sich:

I. in den ersten sechs Monaten mit Papparbeiten; ein Theil der Schüler geht hierauf nach eigener Wahl

II. zum Modellieren, ein anderer Theil zu den Tischlerarbeiten über.

Modellierarbeiten:	Tischlerarbeiten:
hierbei bleibt er circa 1½ Jahre, also bis zum Eintritt in die dritte Classe.	bei diesen Arbeiten bleibt er circa 1½ Jahre, also bis zum Eintritt in die dritte Classe

hierauf

III. wird er entweder Holzstecher oder Arbeiter an der Hobelbank | wird er entweder Holzstecher oder Modelleur

und verbleibt in dieser Arbeitsgruppe bis zu seinem Austritt aus der Schulwerkstätte.

Der Ausfall von einem halben Jahre bei den Arbeitsgruppen unter III. im Gegensatze zu den Arbeitsgruppen unter II. wird durch die größere Reife der Schüler aufgewogen.

Schüler, welche erst aus einer der beiden höheren Classen in die Schulwerkstätte eintreten, werden gleich einer, ihren Fähigkeiten und ihren Wünschen entsprechenden Arbeitsgruppe zugewiesen.

Eine ganz bestimmte, unter allen Verhältnissen giltige Eintheilung der Schüler lässt sich nicht aufstellen, ganz besonders deshalb nicht, weil ja der Handfertigkeitsunterricht ein ganz freier Gegenstand ist.

Empfehlenswerte Bücher über den Handfertigkeitsunterricht.

Barth und **Niederley**, Des Kindes erstes Beschäftigungsbuch; Schulwerkstatt. — **Biedermann**, Die Erziehung zur Arbeit. — **Clauson-Kaas**, Die Arbeitsschule neben der Lernschule. — **Gelbe**, Der Handfertigkeitsunterricht. — **Götze**, Werkstücke zum Aufbau des Arbeitsunterrichtes; Katechismus des Knabenhandarbeitsunterrichtes; der Arbeitsunterricht im Ausland und in Deutschland; Schulhandfertigkeit. -- **Höhn**, Der Handfertigkeitsunterricht und die höheren Schulen. - **Kick, F.**, Professor an der technischen Hochschule in Prag. Studien über den Handfertigkeits- und Werkstattunterricht. — **Lammers**, Handbildung und Hausfleiß. — **Magnus**, Der praktische Lehrer. — **Meyer, J.**, Die geschichtliche Entwickelung des Handfertigkeitsunterrichtes. — **Petzel, R.**, Der Handfertigkeitsunterricht; Die erste Wiener Schulwerkstätte; Beiträge zur Geschichte des Handfertigkeitsunterrichtes in Österreich. **Herbe** und **Petzel**, Die Knabenhandarbeit in Deutschland — im Norden. — **Rauscher**, Der Handfertigkeitsunterricht. — **Rißmann**, Geschichte des Arbeitsunterrichtes in Deutschland. — **Rom, N. C.**, Praktische Einführung in die Knabenhandarbeit für Lehrer und Lernende. — **Salomon**, Handfertigkeitsschule u. Volksschule. — **Seidel**, Der Arbeitsunterricht. — v. **Schenckendorff**, Der praktische Unterricht. — **Urban, May, Bauhofer** und **Kreibich**, Der Handarbeitsunterricht für die männliche Jugend und der Slöjdunterricht in der Schule. -- **Urban**, Die Knabenhandarbeit.

Vorlagenwerke: **Grunow**, Kerbschnittvorlagen; Handfertigkeitsvorlagen der Leipziger Schülerwerkstatt (Papparbeit, Tischlerei, Holzschnitzerei, Metallarbeit, Modellieren, Kerbschnittvorlagen). — **Hertel**, Franz, Papparbeiten. 3 Theile. — **Kalb**, Gustav und Theodor, Der Unterricht in den Handarbeiten für Knaben im Alter von 6—10 Jahren. — **Koch, J.**, Der Kerbschnitt; Lehrgang der Hobelbankarbeit in der Lehrerbildungsanstalt des Deutschen Vereins für Knabenhandarbeit. — **Müller** und **Füllgraf**, Vorlagen für Hobelbankarbeiten für Knaben und Erwachsene. — **Neumann**, Lehrgang für den Kerbschnitt. 2. Auflage. — Dr. **Springer**, Der Knabenhandarbeitsunterricht im Anschlusse an den Zeichen- und Raumlehreunterricht der Schule. — **Urban, Richter** und **Blahowsky**, „Erziehliche Knabenhandarbeit", Vorlagen einfacher Arbeiten in Papier, Pappe und Holz; Vorlagen für Hobelbankarbeiten. — **Vollers**, Kerbschnittvorlagen.

Druck von Gottlieb Gistel & Comp. in Wien.

Verlag von **Alfred Hölder**, k. u. k. Hof- und Universitäts-Buchhändler in Wien,
I., Rothenthurmstraße 15.

Haymerle, Dr. Franz Ritter von, k. k. Ministerial-Rath im Ministerium für Cultus und Unterricht etc. **Deutsches Lesebuch für Gewerbeschulen (Werkmeisterschulen, gewerbliche Fachschulen und verwandte Lehranstalten).** 3. unveränderte Auflage. — Preis cartonniert fl. 1.20 = M. 2.40. Mit Erlass des hohen k. k. Ministeriums für Cultus und Unterricht vom 17. August 1891, Z. 14,946, zum Unterrichtsgebrauche an Werkmeisterschulen, gewerblichen Fachschulen, an gewerblichen Fortbildungsschulen, an welchen die deutsche Sprache einen besonderen Unterrichtsgegenstand bildet und an allgemeinen Handwerkerschulen allgemein zugelassen.

— — **Centralblatt für das gewerbliche Unterrichtswesen in Österreich.** Im Auftrage des k. k. Ministeriums für Cultus und Unterricht redigiert. Lex.-8. Preis eines Bandes von 4 Heften fl. 4.— = M. 8.—, incl. Supplement fl. 5.20 = M. 10.40. Bis jetzt sind 13 Bände des Centralblattes und des Supplementes erschienen.

— — **Biographische Charakterbilder aus dem Gebiete des Gewerbes, der Kunst und Industrie.** Preis gebunden 30 kr. = 50 Pf. Das hohe k. k. Ministerium für Cultus und Unterricht hat sich bewogen gefunden, mit Erlass vom 30. April 1888, Z. 8005, die Directionen, Leitungen und Schulausschüsse der gewerblichen Lehranstalten auf dieses Werk aufmerksam zu machen. Die „Biographischen Charakterbilder" eignen sich namentlich zur Betheilung von Schülern und Absolventen der gewerblichen Lehranstalten.

Herdtle, H., Professor, Architekt. **Ostasiatische Broncegefäße und -Geräthe in Umrissen.** Ein Beitrag zur Gefäßlehre. Zum Studium und zur Nachbildung für Kunstindustrie und gewerbliche Lehranstalten. Aufgenommen und autographiert von Schülern der Kunstgewerbeschule des k. k. Österreichischen Museums. 28 Blätter. Groß-Folio. Format 38 : 56 cm. Preis in Umschlag fl. 4.— = M. 8.—, in Mappe fl. 4.50 = M. 9.—

— — **Vorbilder für die Kleinkunst in Bronce.** 20 Tafeln Abbildungen verschiedener Objecte aus der Antike, dem Mittelalter und der Renaissance. Zum Gebrauche für Kunstindustrielle und gewerbliche Lehranstalten. Preis in Umschlag fl. 5.40 = M. 10.80, in Mappe fl. 6.— = M. 12.—. Die Absicht, das reiche Material der im Laufe des Jahres 1883 im Österreichischen Museum für Kunst und Industrie stattgehabten historischen Bronce-Ausstellung dem Kunstgewerbe nutzbar zu machen, veranlasste die vorstehenden Publicationen. Dieselben bieten eine Menge der lehrreichsten und interessantesten Formen, die für jeden Zweig der Gefäßbildnerei von Bedeutung sind und direct verwendbares reiches Material liefern; überdies bilden diese Publicationen ein vorzügliches Unterrichtsmittel für alle kunstgewerblichen Lehranstalten und Fortbildungsschulen.

Kajetan, J. K., k. k. Professor für Mathematik, Physik und darstellende Geometrie an der k. k. Staats-Gewerbeschule zu Wien. **Der mechanische Schattenzeichner.** Ein Lehrmittel für den Anschauungsunterricht. Construiert und in seiner methodischen Verwendung vom Standpunkte der Gewerbeschule besprochen. Mit 10 in den Text gedruckten Figuren. Preis 30 kr. = 60 Pf.

— — **Methodische Einführung in das technische Zeichnen** unter Voraussetzung eines begrenzten Darstellungsraumes. Mit 80 Textfiguren. Preis 60 kr. = M. 1.—.

Menger, Josef, k. k. Professor an der Staatsgewerbeschule in Innsbruck. **Leitfaden der Geometrie für Gewerbeschulen.** Zweite, vermehrte und verbesserte Auflage. Mit 112 Abbildungen. Preis gebunden 50 kr. = M. 1.—. Mit Erlass des hohen k. k. Ministeriums für Cultus und Unterricht vom 15. März 1891, Z. 4451, zum Unterrichtsgebrauche an Werkmeisterschulen, gewerblichen Fachschulen und allgemeinen Handwerkerschulen zugelassen.

Siegl, Julius Ritter von, Professor an der k. k. Staatsgewerbeschule in Graz. **Schattenconstructionen an Umdrehungskörpern** mit Rücksicht auf die praktischen Bedürfnisse in Architektur und im kunstgewerblichen Fachzeichnen. Mit einer Figurentafel. Preis 60 kr. = M. 1.—.

Zeichenunterricht, Der, und seine Hilfswissenschaften. — I. Theil: *Grundzüge der Projectionslehre und Perspective.* Bearbeitet von Julius Kajetan, k. k. Professor an der Staatsgewerbeschule in Wien. Mit 164 Textfiguren. Preis 90 kr. = M. 1.80. — III. Theil: *Grundzüge der ornamentalen Formen- und Stylehre.* Bearbeitet von Alois Hauser, Architekt, k. k. Professor an der Kunstgewerbeschule des österreichischen Museums für Kunst und Industrie in Wien etc. Mit 50 Textfiguren. Preis geheftet 60 kr. = M. 1.—, gebunden 80 kr. = M. 1.40. — IV. Theil: *Grundzüge der Farbenlehre.* Bearbeitet von Anton Andel, k. k. Professor an der Staats-Realschule in Graz. Mit 10 Textfiguren. Preis 60 kr. = M. 1.20. — V. Theil: *Grundzüge der Geschichte des Zeichenunterrichtes*, Von Ant. Prix, Professor des Freihandzeichnens am Communal-Real- und Obergymnasium in der Leopoldstadt zu Wien etc. Preis 60 kr. = M. 1.—. — VI. Theil: *Methodik des Zeichenunterrichts an Volks- und Bürgerschulen.* Bearbeitet von Alois Fellner, Bürgerschul-Director in Wien, und Franz Stoigl, Bürgerschullehrer in Wien. Mit 47 Textfiguren. Preis 80 kr. = M. 1.60.

Druck von Gottlieb Gistel & Comp. in Wien

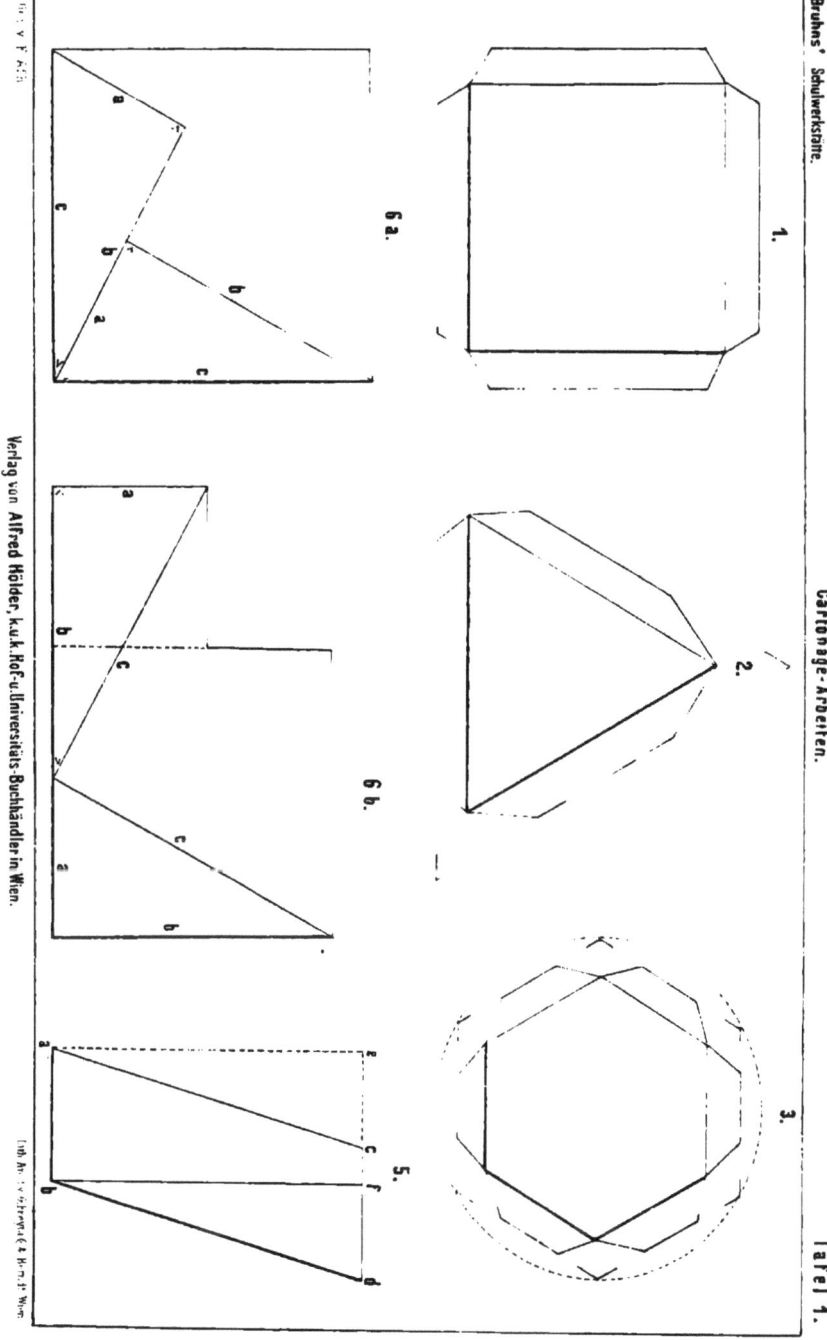

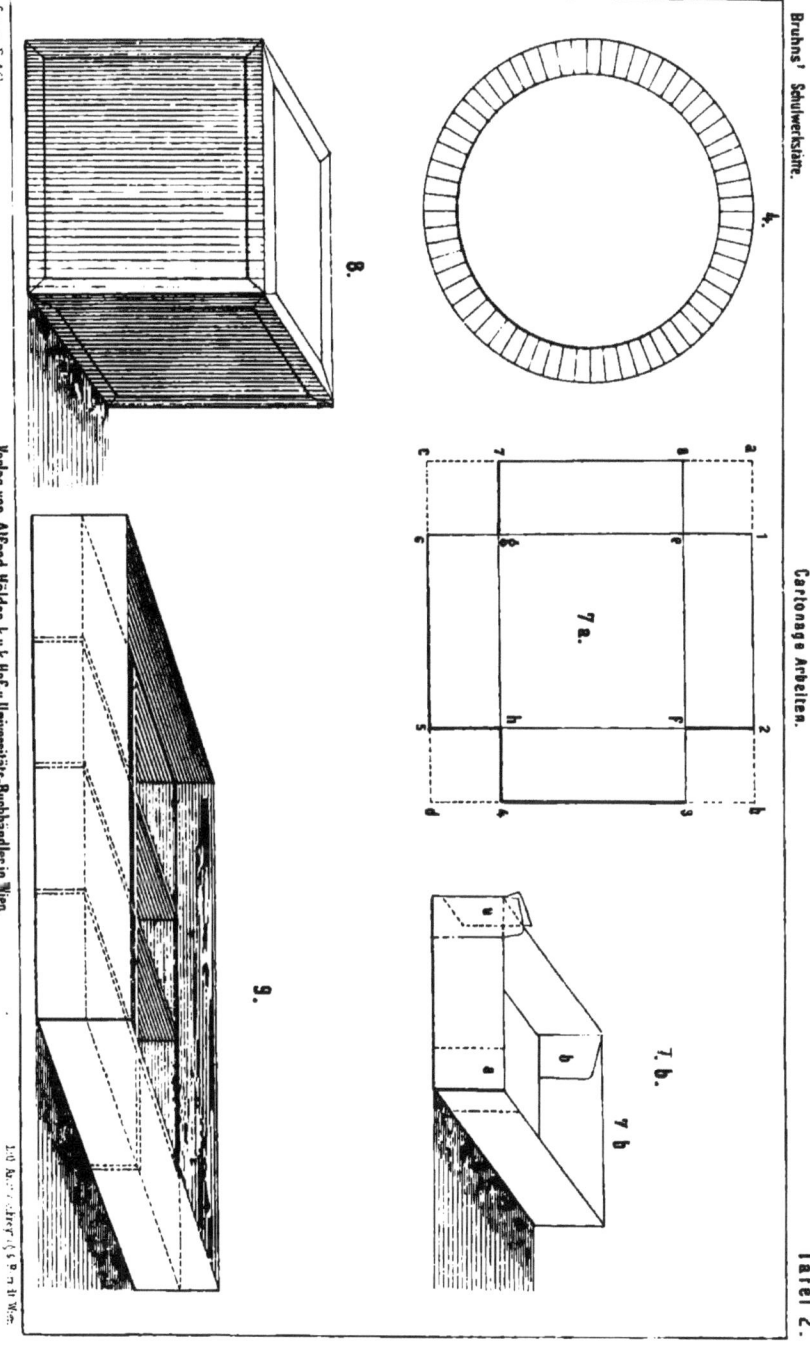

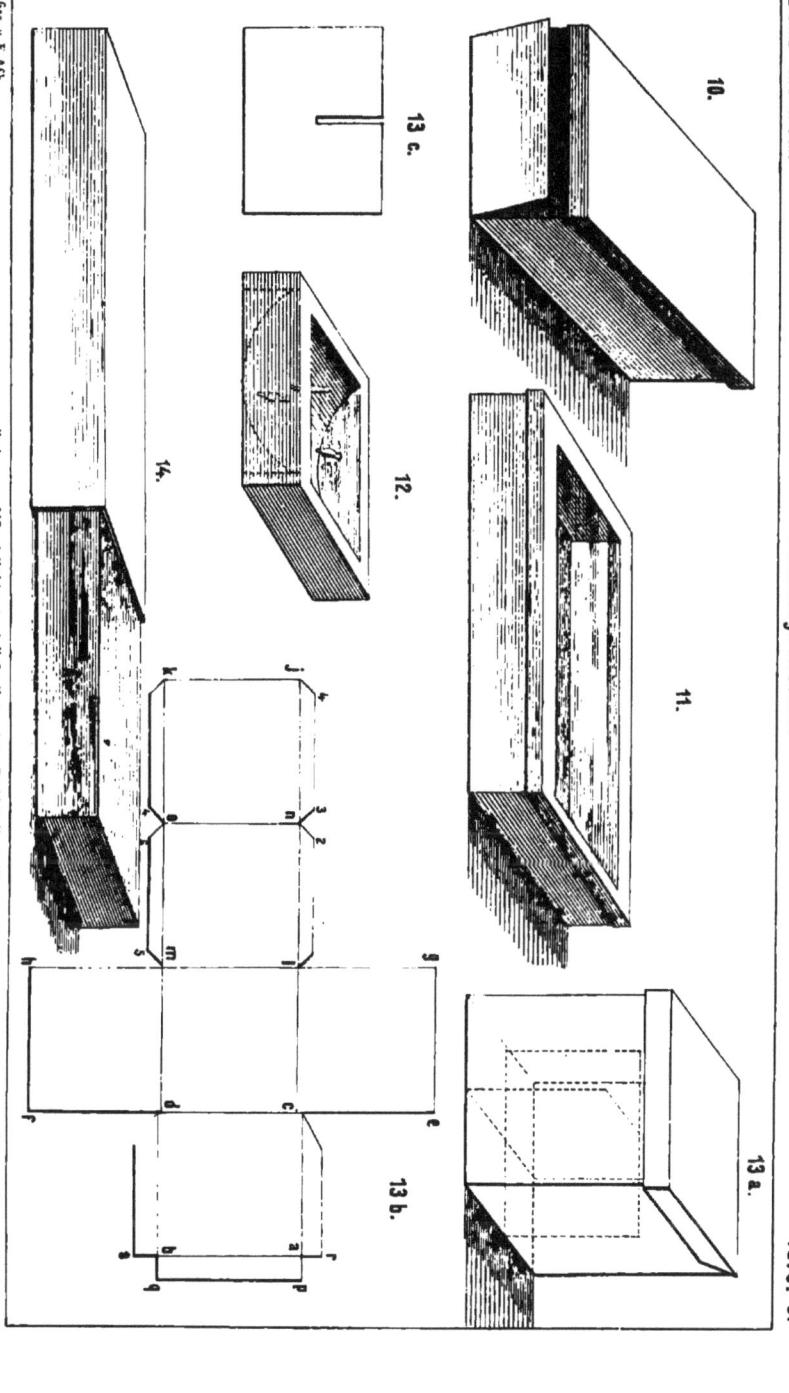

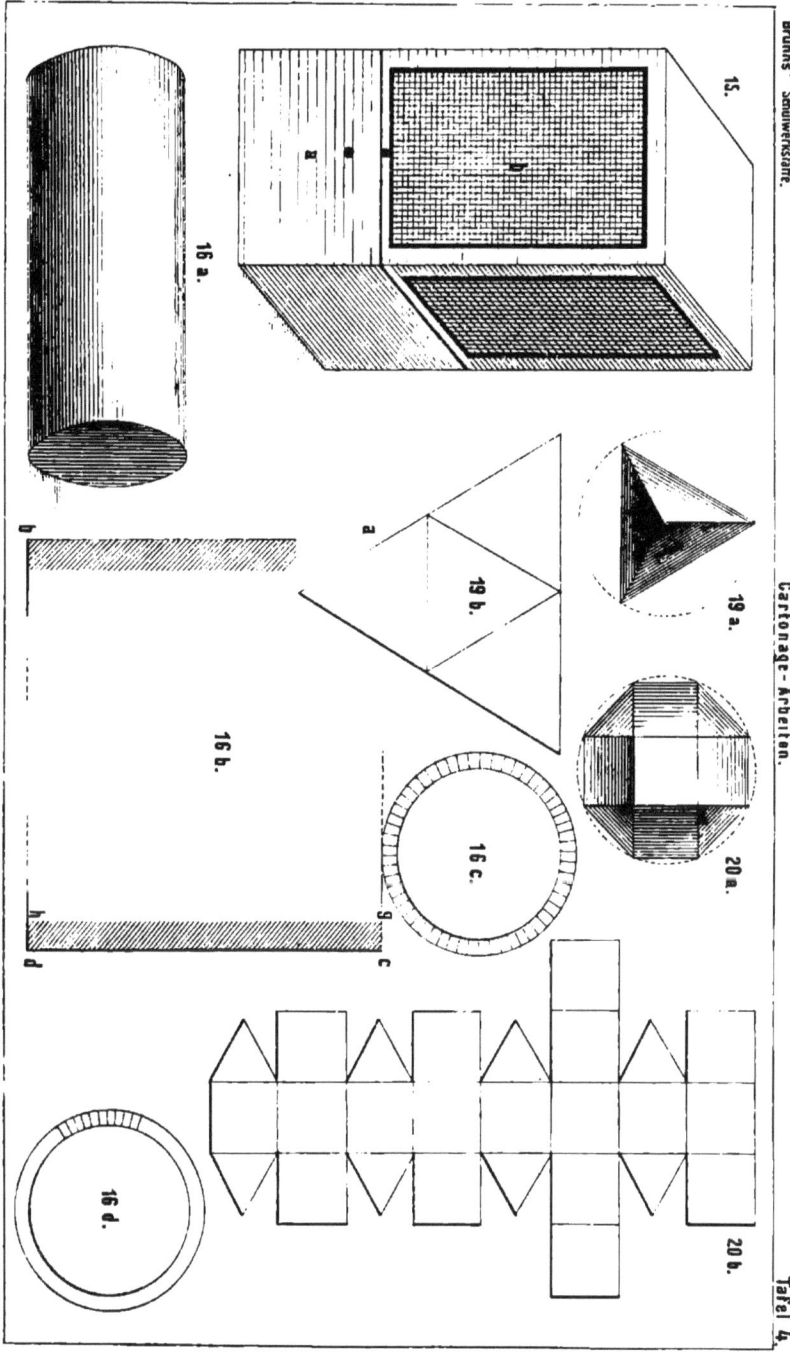

Bruhns' Schulwerksamte. Cartonage-Arbeiten. Tafel 5.

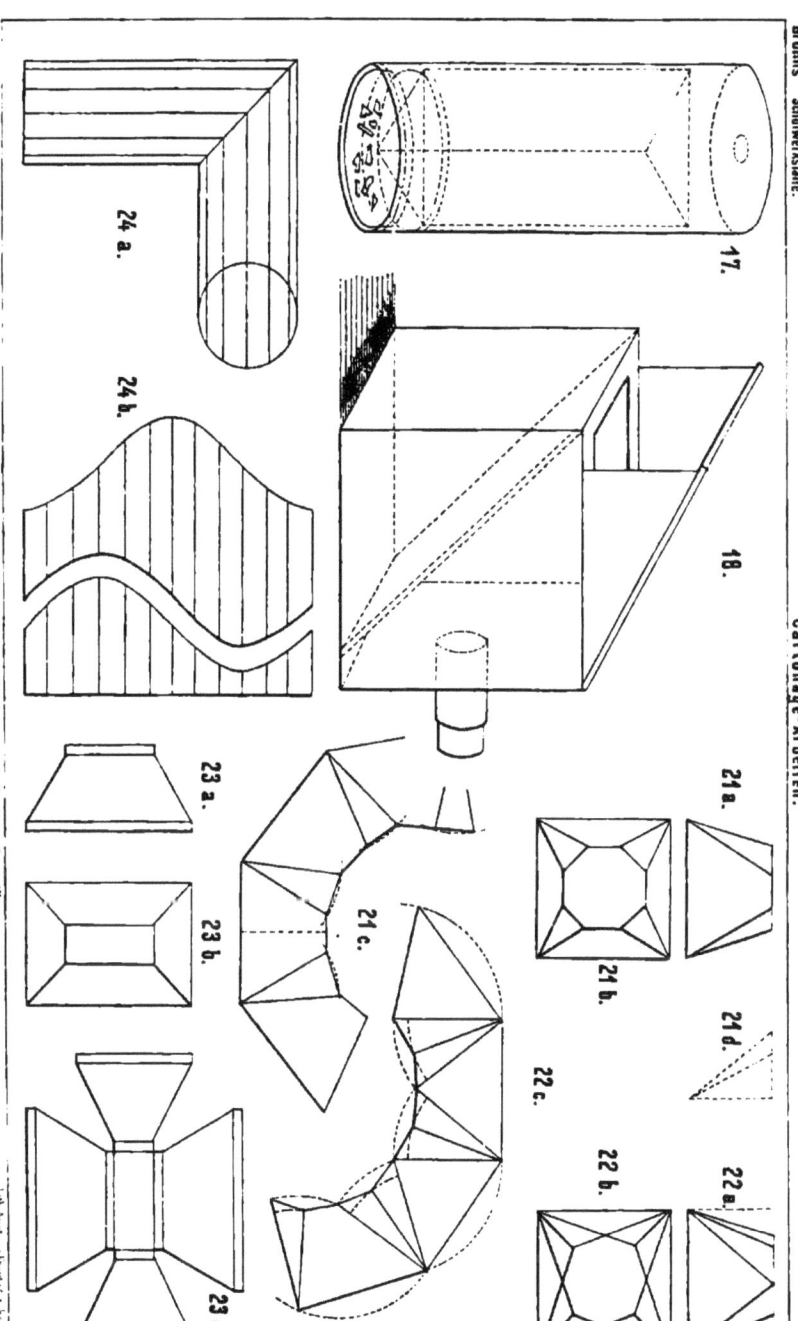

Bruhns' Schulwerkstatte.

Cartonage-Arbeiten.

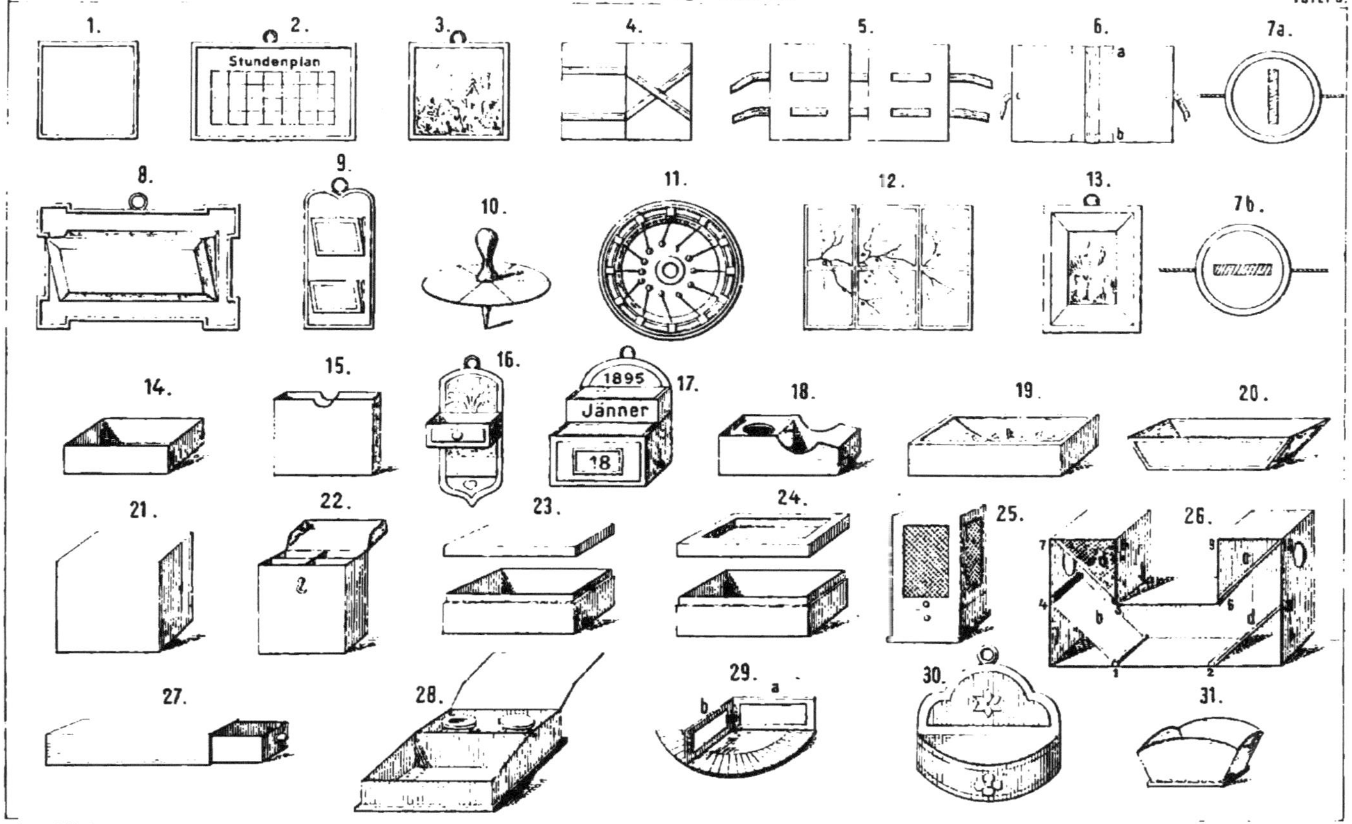

Verlag von Alfred Hölder, k.u.k. Hof- u. Universitäts-Buchhändler in Wien.

Tafel 6.

Bruhns': Schulwerkstätte.   Cartonage-Arbeiten.   Tafel 7.

Verlag von Alfred Hölder, k.u.k. Hof- u. Universitäts-Buchhändler in Wien.

Bruhns' Schulwerkstätte. Tischler-Arbeiten. Tafel 8.

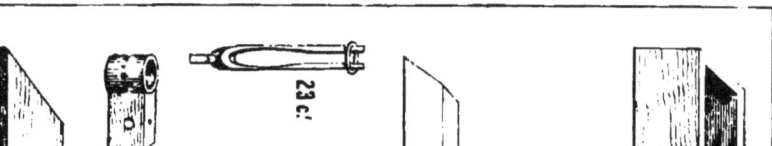

Bruhns' Schulwerkstätte. Tischler-Arbeiten. Tafel 9.

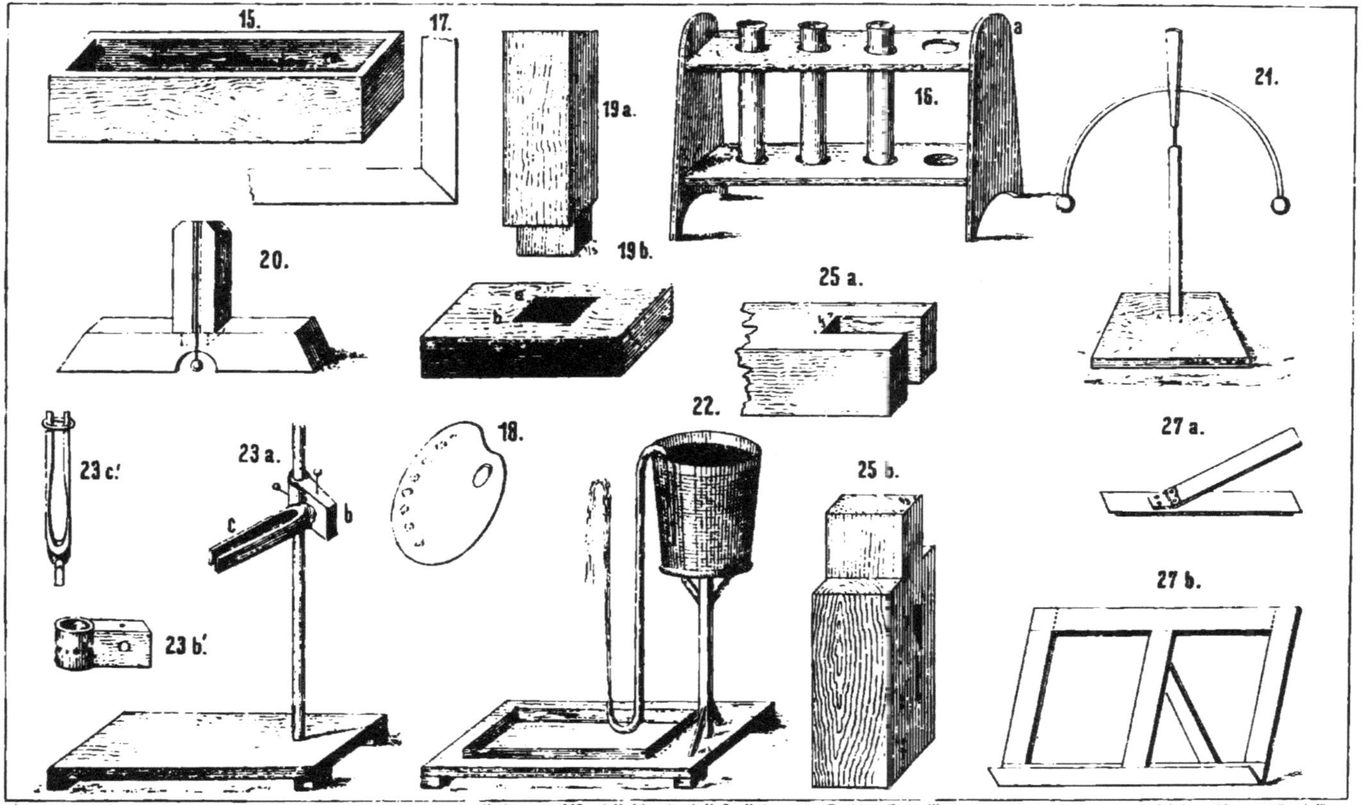

Verlag von Alfred Hölder, k.u.k. Hof- u. Universitäts-Buchhändler in Wien.

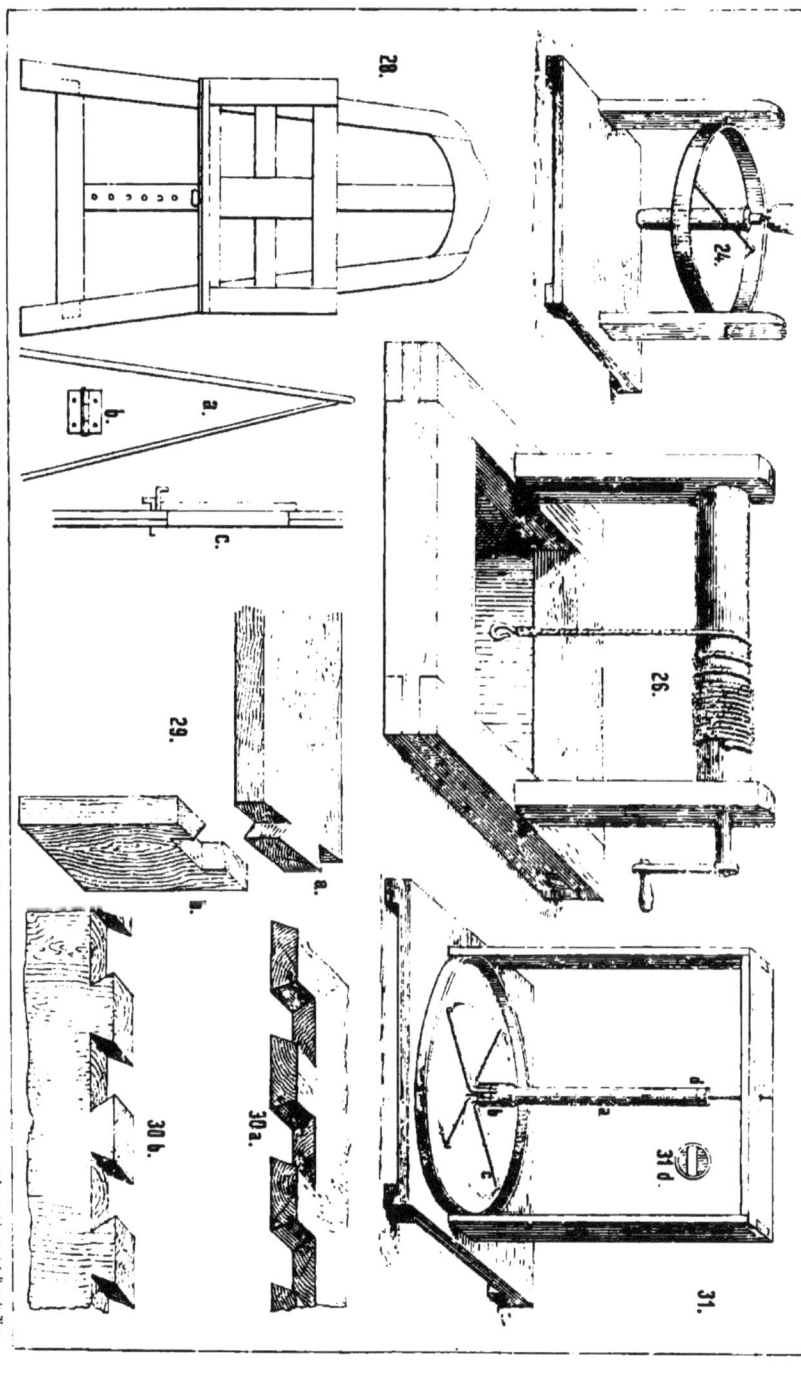

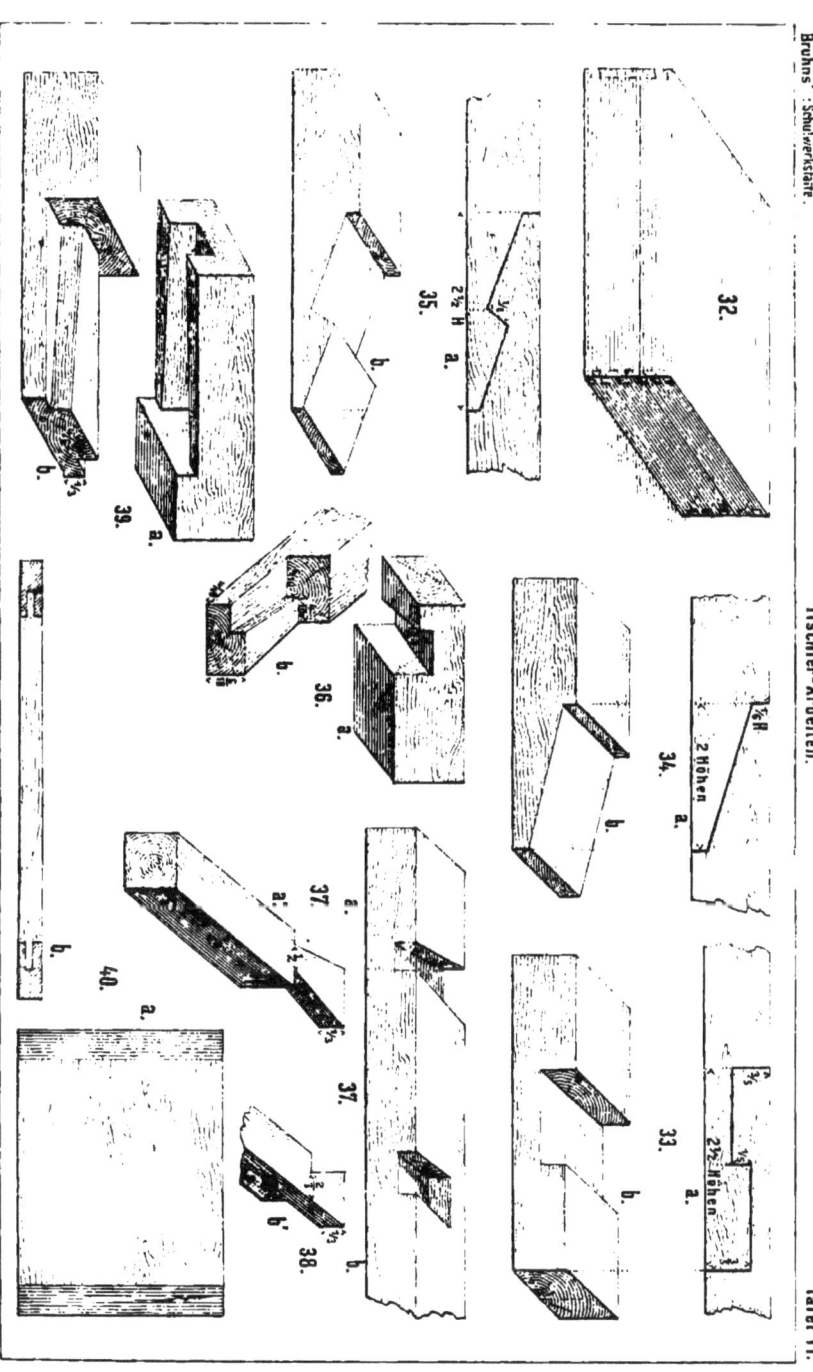

Bruhns' Schulwerkstätte. Tischler-Arbeiten. Tafel 11.

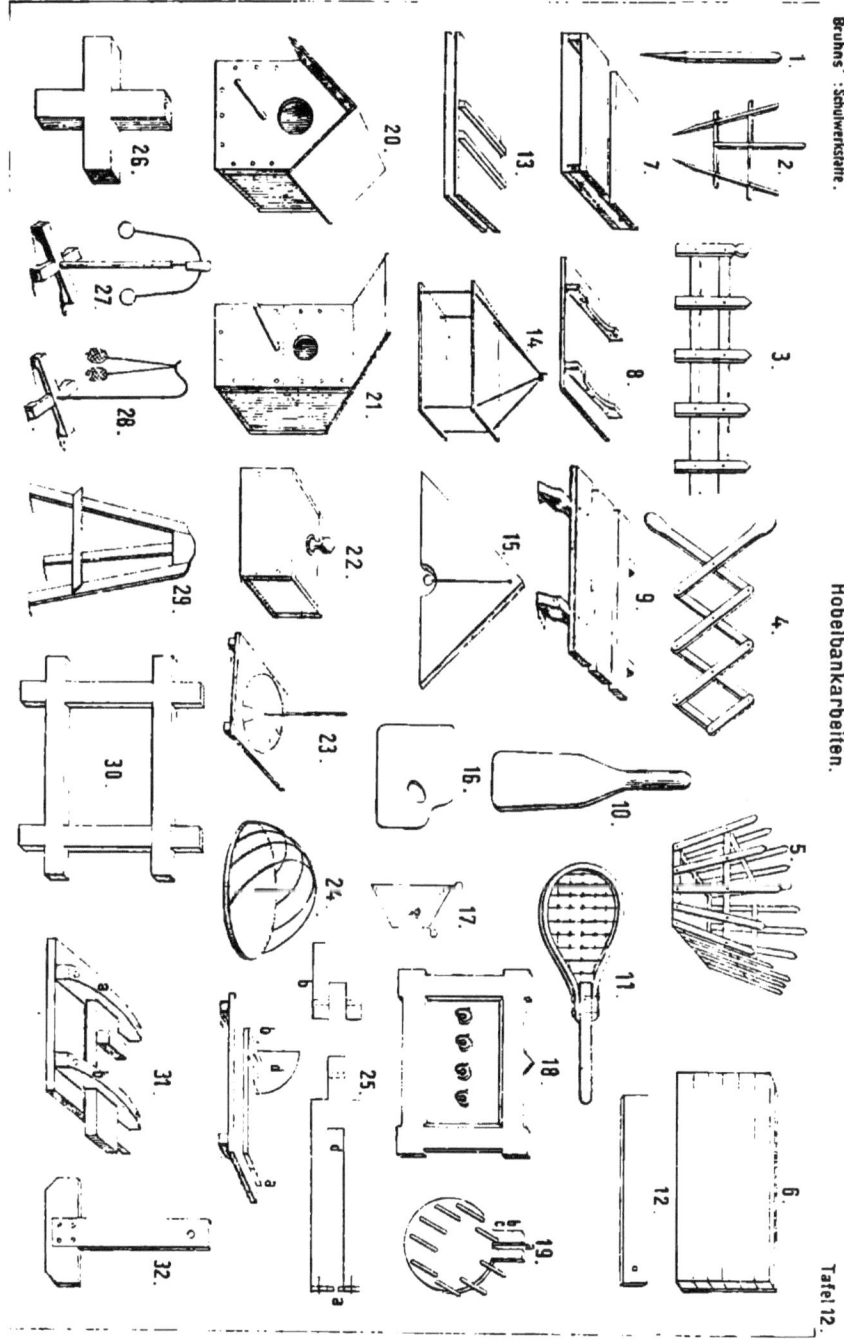

Bruhns: Schulwerkstätte.

Hobelbankarbeiten.

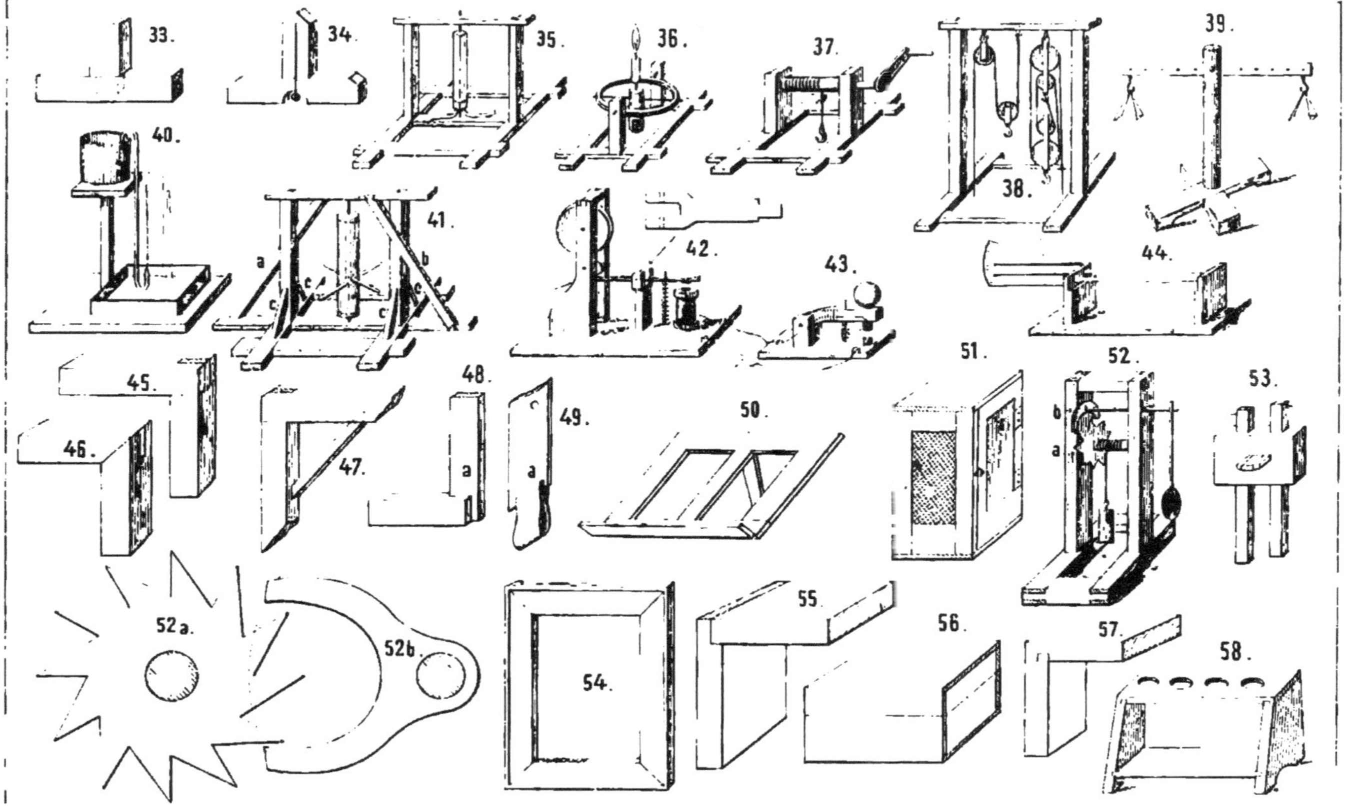

Tafel 13.

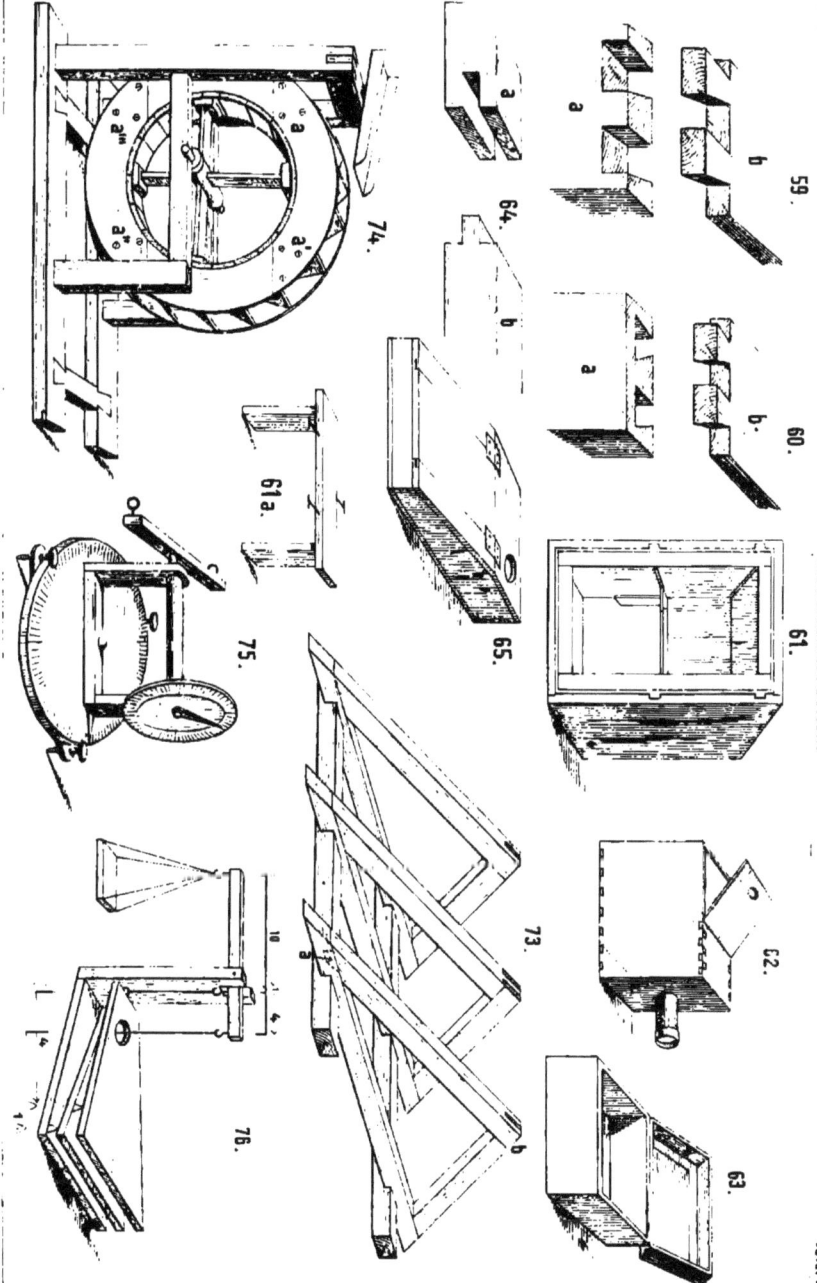

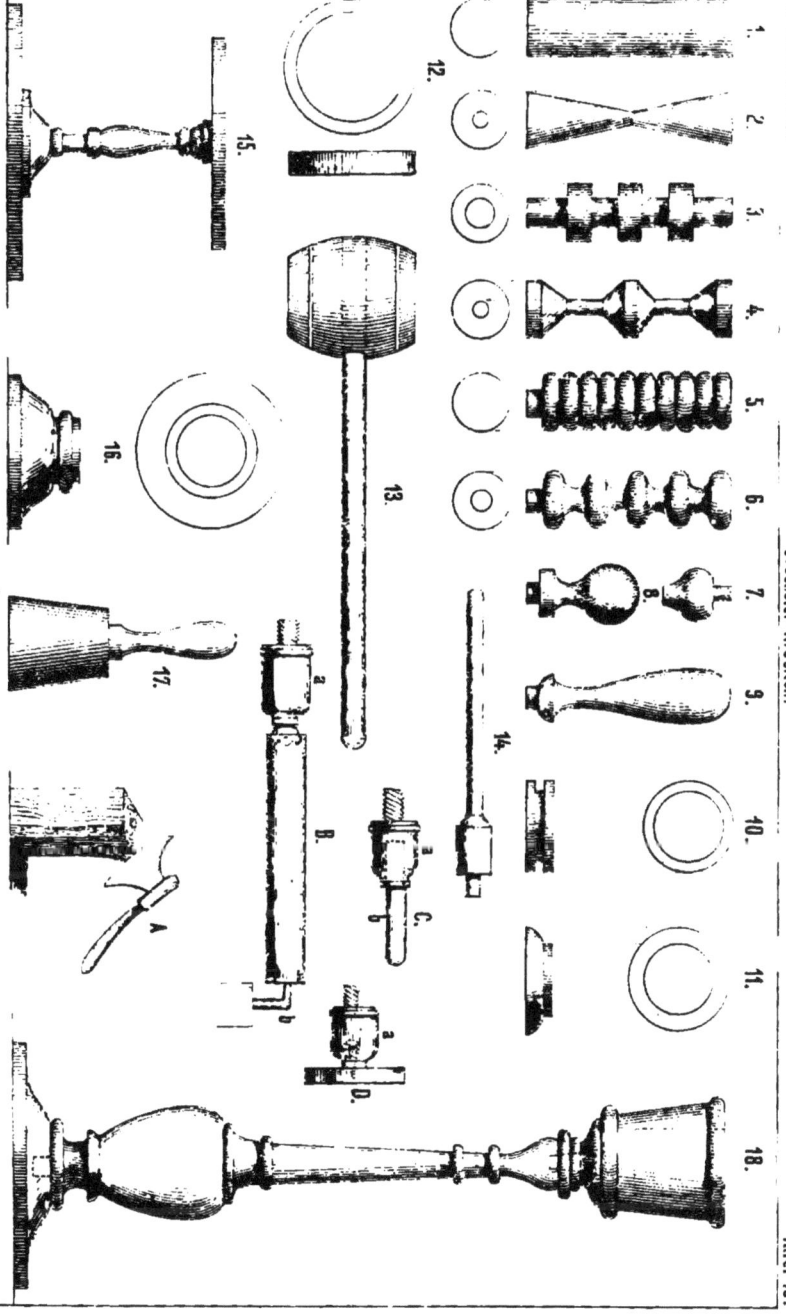

Bruhns': Schulwerkstätte. Holzschnitzerei. Tafel 17.

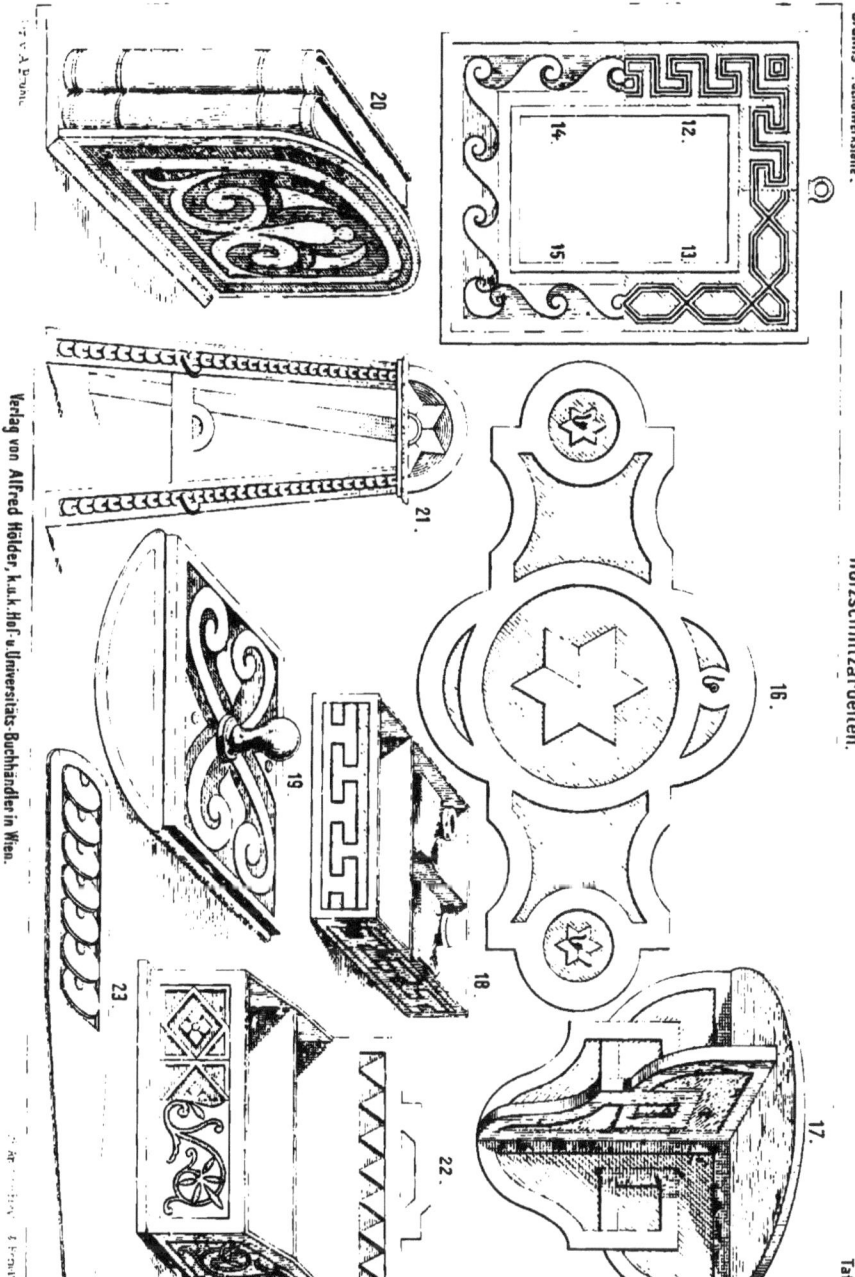

Bruhns': Schulwerkstatte. Holzschnitzarbeiten. Tafel 19.

Bruhns' Schulwerkstatte. Holzschnitzerei. Tafel 20.

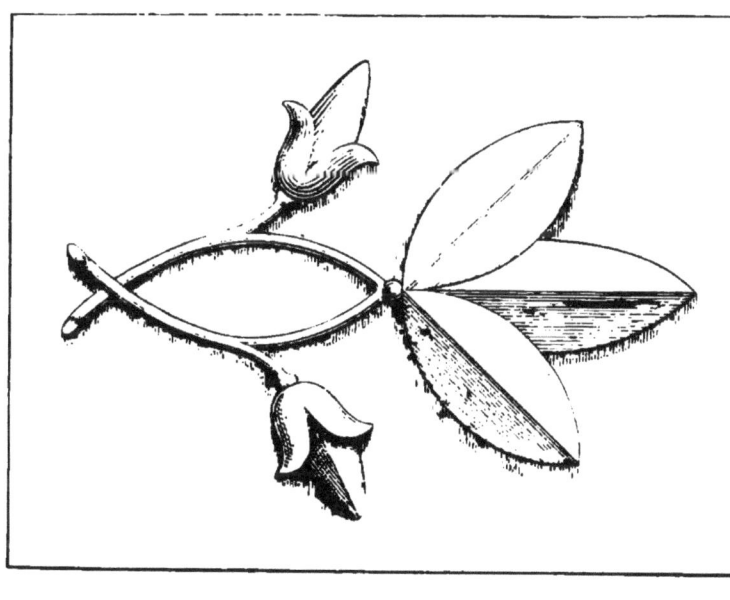

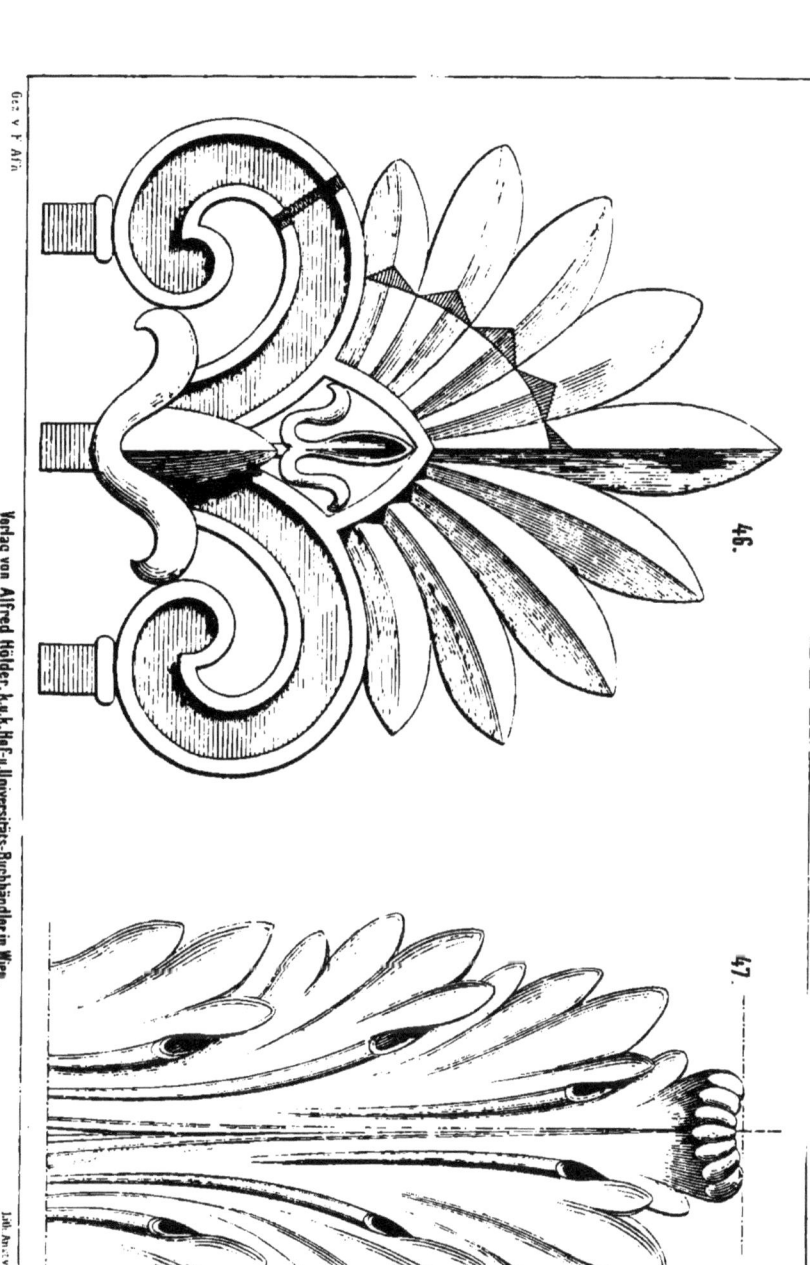

Bruhns' Schulwerksteine. Holzschnitzerei. Tafel 23.

48.

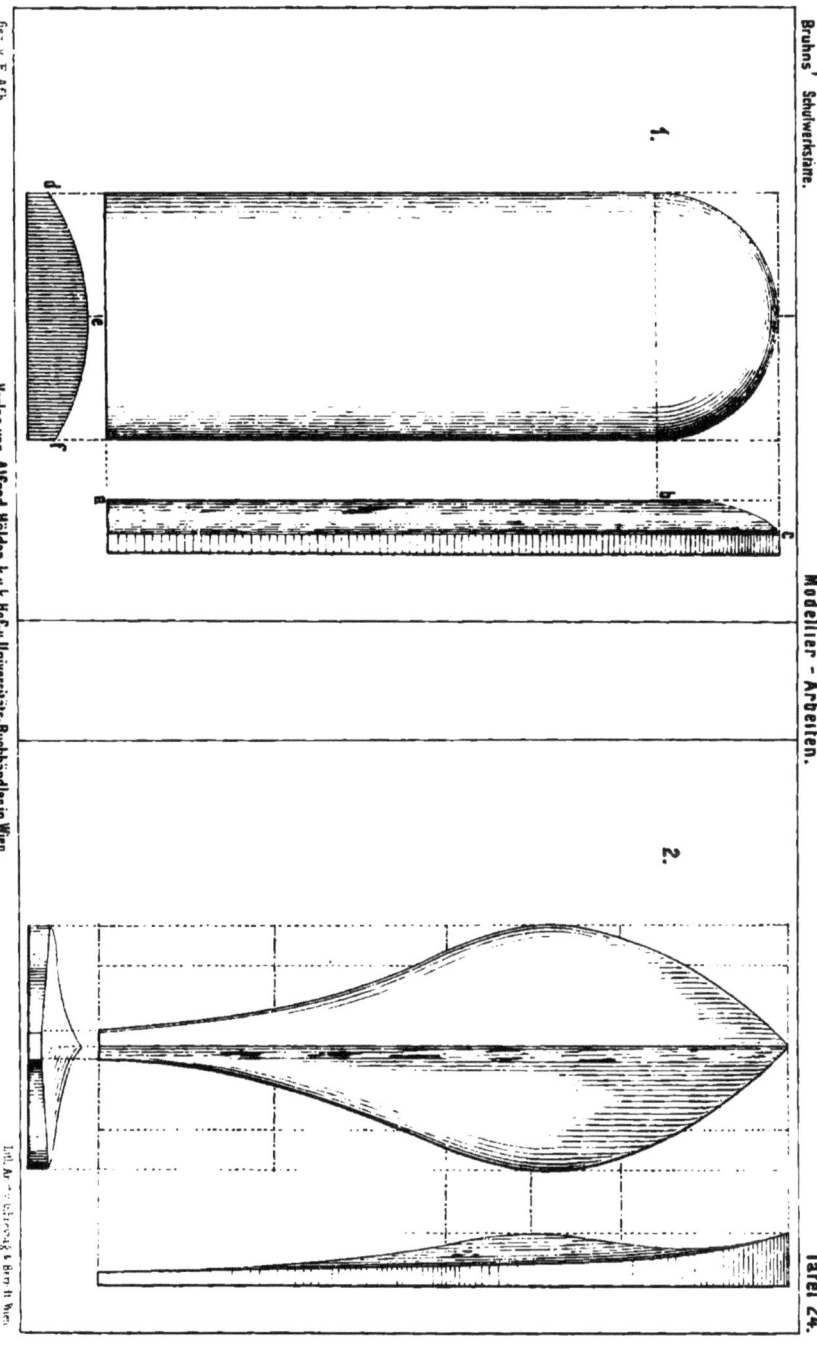

Tafel 24. Modellier-Arbeiten.

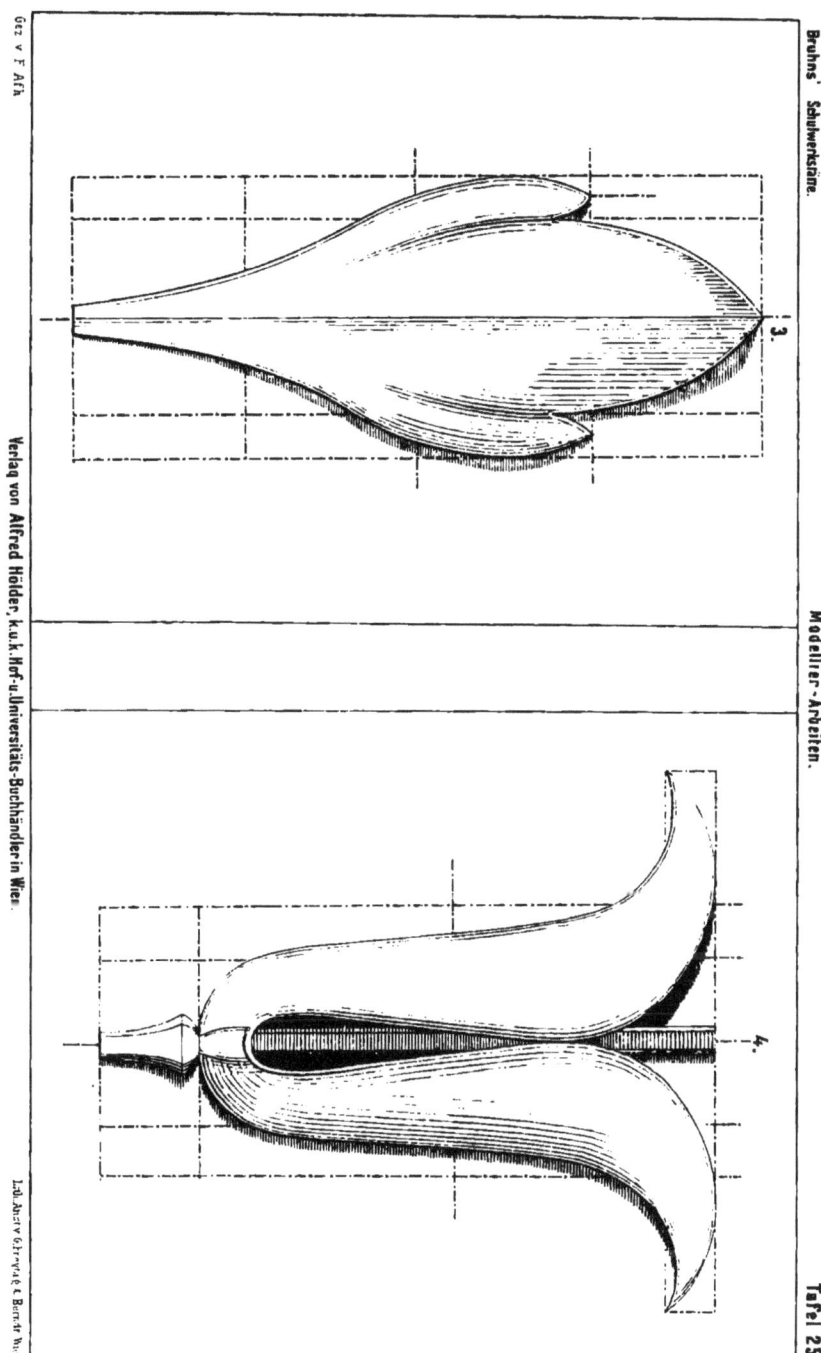

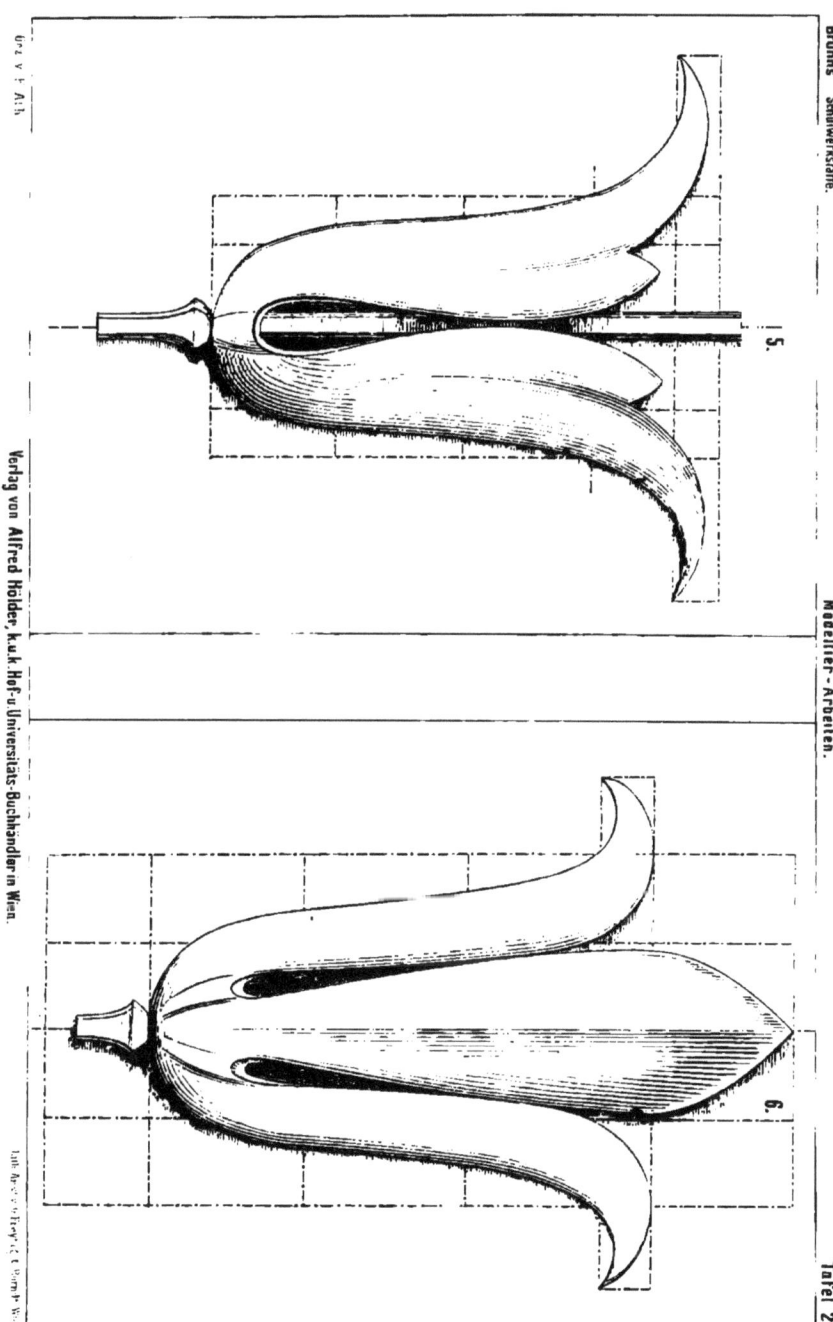

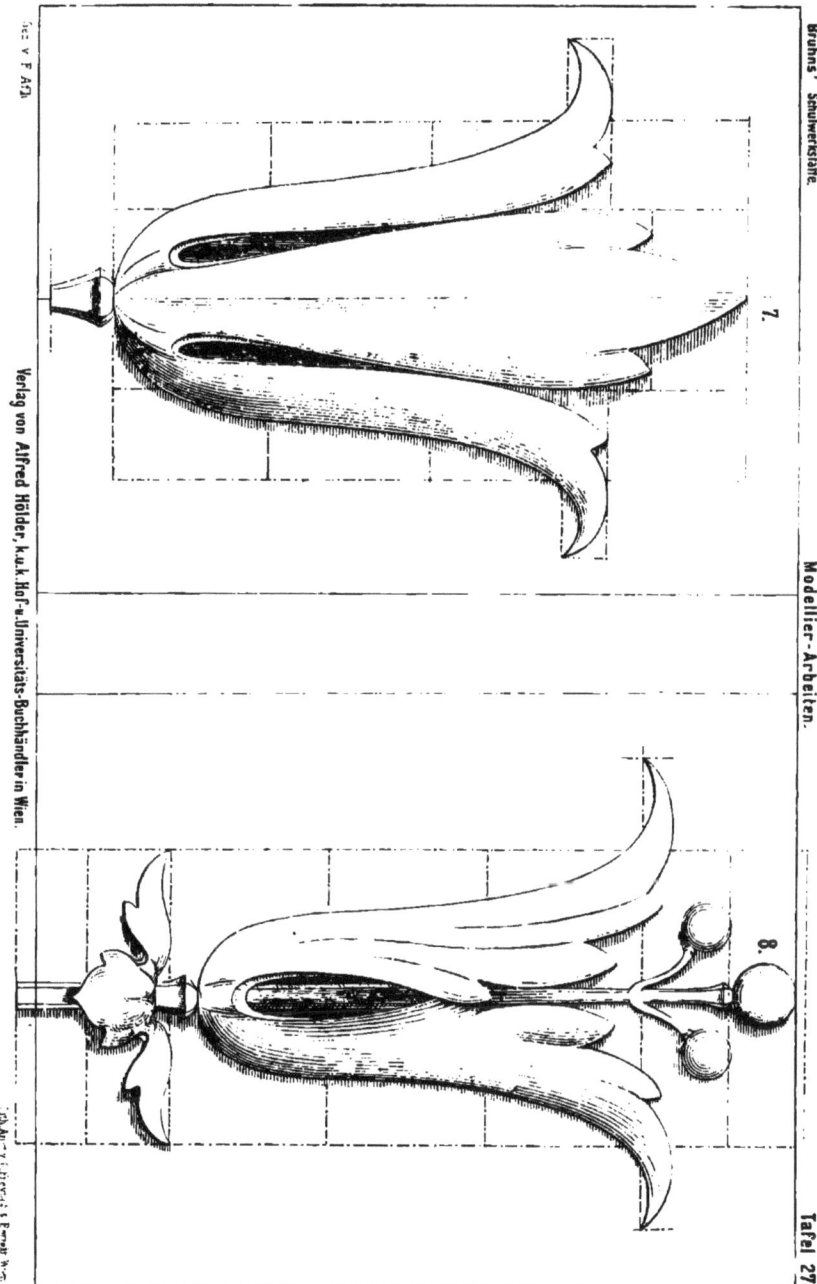

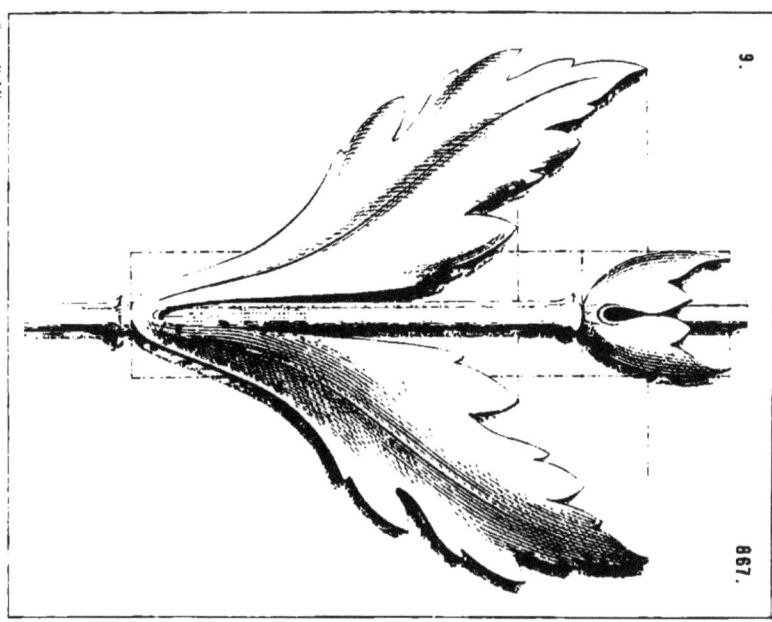
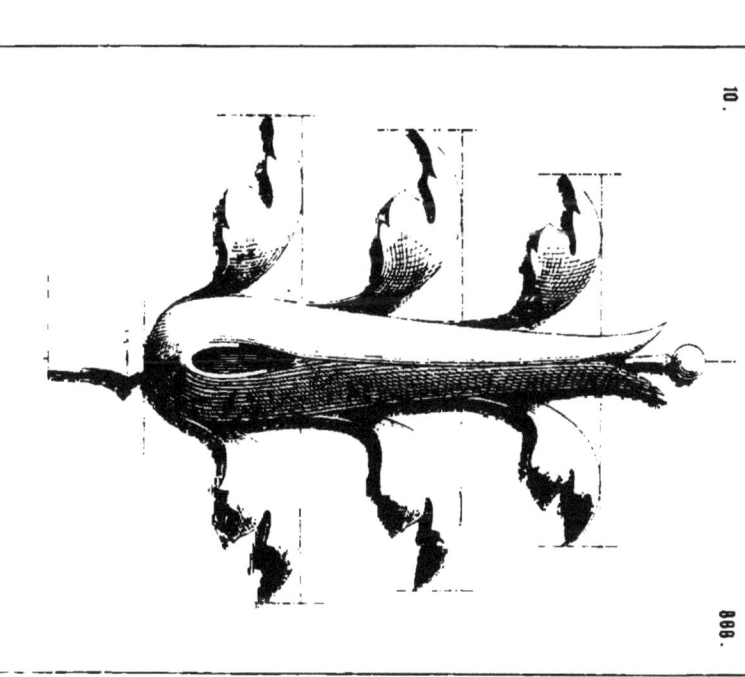

Tafel 28. Modellier-Arbeiten.

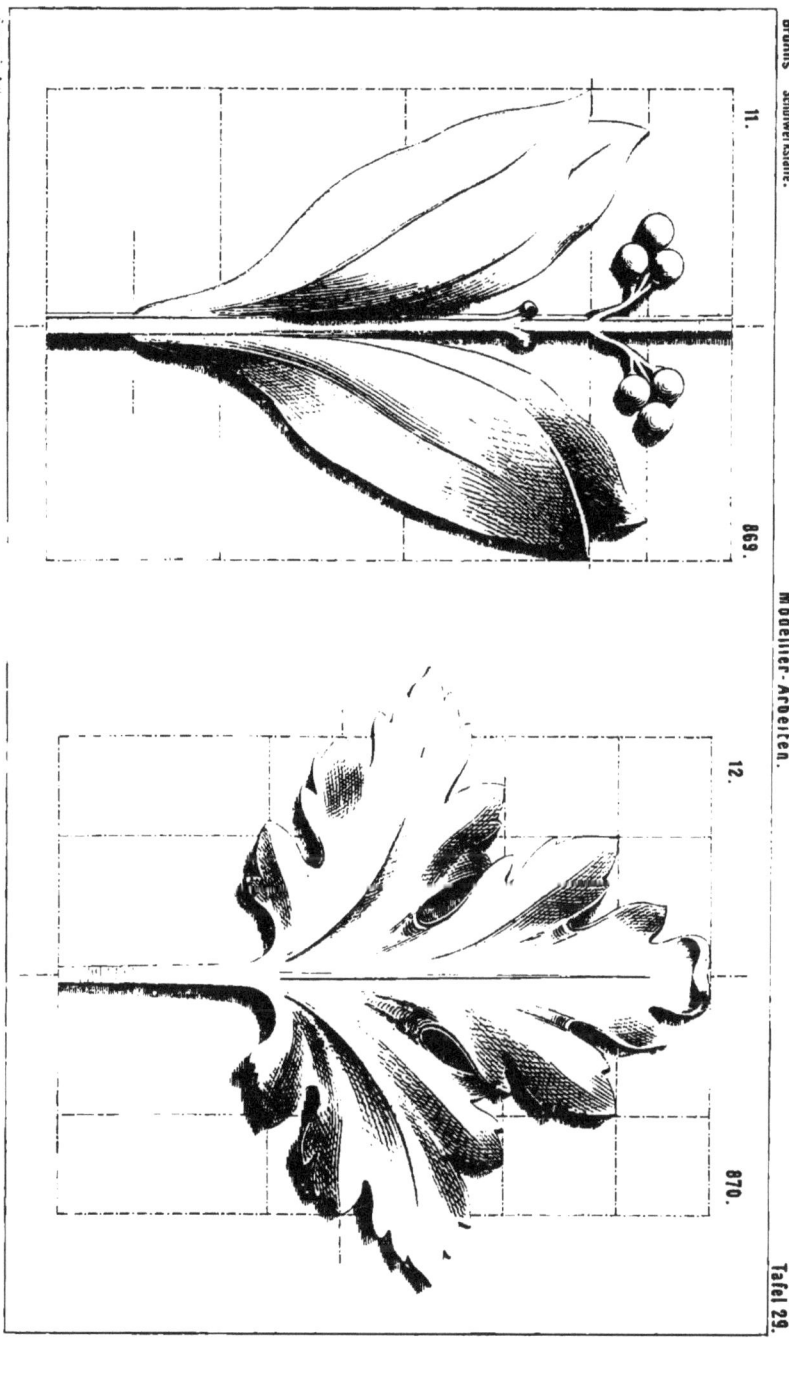

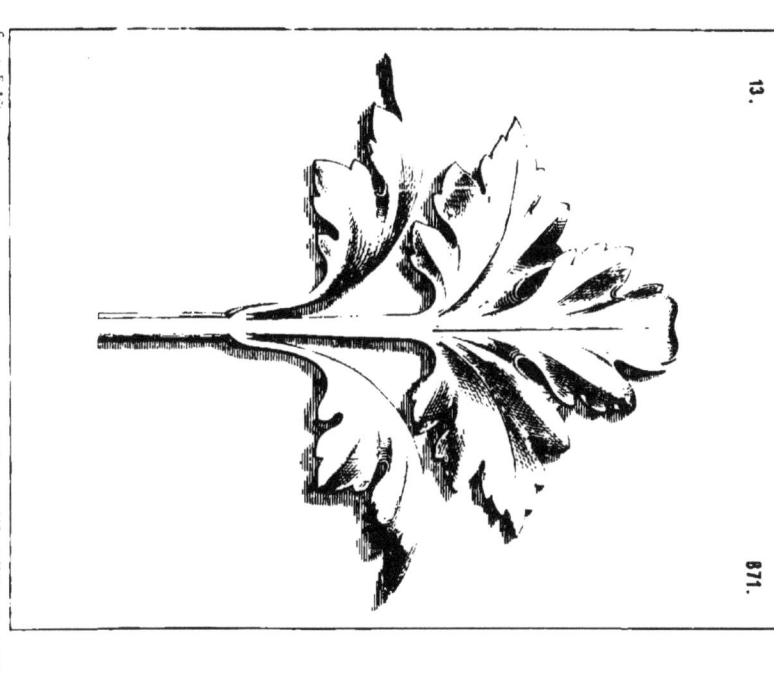
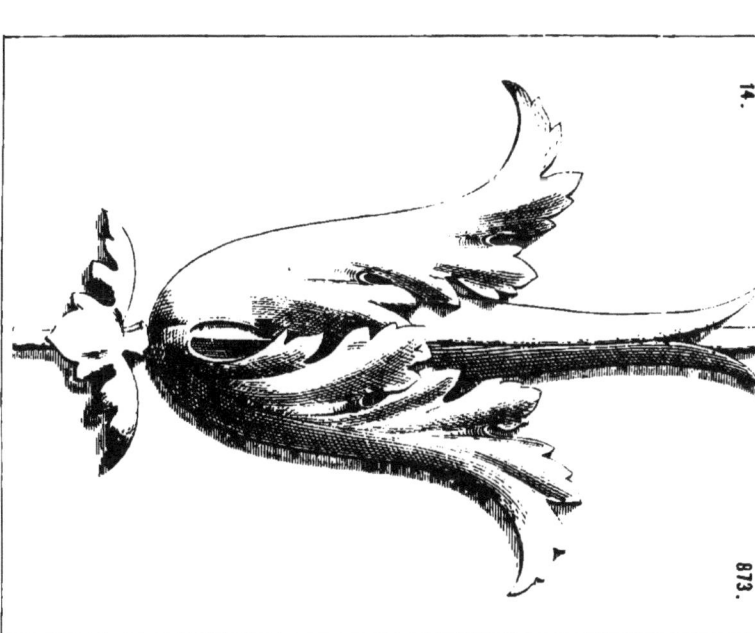

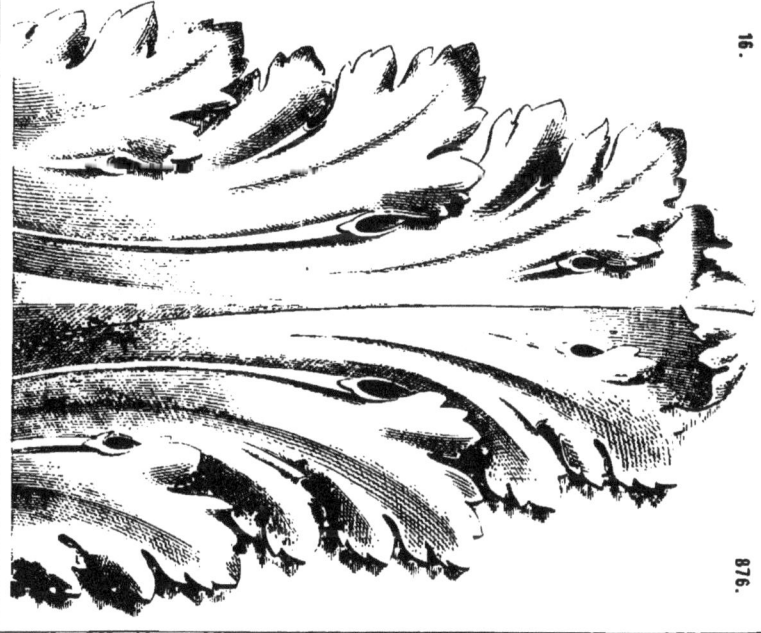

Tafel 32.

Druck von Gottlieb Gistel & Comp. in Wien